青少年人工智能创新启蒙工程

U0647235

物联网大世界
物联应用

■ 方海光 郑志宏 ｜总主编

陕昌群 张莉 尚积平 ｜主编

人民邮电出版社
北京

图书在版编目（CIP）数据

物联网大世界. 物联应用 / 方海光，郑志宏总主编；
陈昌群，张莉，尚积平主编. -- 北京：人民邮电出版社，
2025. -- ISBN 978-7-115-66050-3

Ⅰ. G624.583

中国国家版本馆CIP数据核字第 2025V01U85 号

内 容 提 要

　　《物联网大世界：物联应用》是一本专为小学高年级学生编写的科普书，旨在通过编程语言，讲解物
联网系统设计、物联网与人工智能、物联网安全及物联网系统探索。本书通过丰富的实践项目和案例分
析，引导学生掌握物联网和人工智能的相关概念与应用技术，培养他们的创新思维和实践能力。本书不
仅注重知识的传递，还重视培养学生的逻辑思维和跨学科思维，让他们在探索物联网和人工智能的旅程
中不断成长和进步，为未来的学习和探索打下坚实的基础。本书适合小学高年级的学生阅读。

◆ 总 主 编　方海光　郑志宏
　 主　　编　陈昌群　张　莉　尚积平
　 责任编辑　王　芳
　 责任印制　马振武
◆ 人民邮电出版社出版发行　　北京市丰台区成寿寺路 11 号
　 邮编　100164　　电子邮件　315@ptpress.com.cn
　 网址　https://www.ptpress.com.cn
　 优奇仕印刷河北有限公司印刷
◆ 开本：787×1092　1/16
　 印张：6.75　　　　　　　　　2025 年 3 月第 1 版
　 字数：75 千字　　　　　　　2025 年 3 月河北第 1 次印刷

定价：30.00 元

读者服务热线：**(010)53913866**　印装质量热线：**(010)81055316**
反盗版热线：**(010)81055315**

总　序

在当今信息技术迅猛发展的背景下，人工智能（AI）已成为推动社会进步的关键力量。向小学生普及人工智能相关知识，培养适应未来社会的创新人才，是新时代人工智能发展的必然要求。

本套书致力于开展人工智能普及教育，重点培养小学生的逻辑思维、批判性思维和问题解决能力，引导小学生掌握人工智能基本知识、认识人工智能在信息社会中的重要作用、运用人工智能技术解决生活与学习中的问题。通过本套书的学习，学生能够获得人工智能的基本知识、应用技能，在运用人工智能技术解决实际问题的过程中，成长为具有良好的信息意识、计算思维、创新能力及社会责任感的公民。

本套书提供的学习内容均来自真实的生活场景，以问题引入，以活动贯穿，运用生动活泼、贴近生活的案例进行概念阐述。同时，本套书还注重结合小学生的学习特点，避免了单纯的知识传授与理论灌输。本套书围绕学生在学校、家庭、社会中的所见所闻展开学习活动，采用体验式学习、项目式学习与探究性学习的形式，在阐述概念和理论的基础上，提升学生的学习兴趣，加强学生对人工智能的理解。

本套书共12册，内容由浅入深，从基础知识，到数据和算法，最后到物联网、开源鸿蒙和AI大模型，每册都有不同的主题。本套书要求学生亲自动手完成书中的学习活动，让学生感受人工智能技术给人们的生活带来的美好。

本套书得以完成，十分感谢来自北京、沈阳、成都等不同地区的学科专家和一线教师，他们具有丰富的教育教学经验，部分内容经过了多轮教学实践，从而保证了内容的实用性和科学性。特别感谢专家委员会的倾力指导，专家们对本套书的内容选择、展现形式、学习方式等都提出了很多宝贵的建议，极大提高了本套书的内容质量。

　　囿于作者能力，本套书难免存在不完善之处，敬请广大读者批评指正。

总主编　方海光

前　言

　　亲爱的同学们，欢迎来到物联网的奇妙世界！物联网通过互联网将各种智能设备连接在一起，构建起一个庞大的网络，将物理世界与数字世界紧密相连，为我们带来更便捷、更智能的生活体验。

　　物联网是智能时代发展的重要标志。掌握物联知识，探究物联世界，就是为自己打开了看向未来的智能天窗。天窗外将展现充满智能、充满梦幻、变化莫测的奇妙世界，为同学们迈向未来时代、为未来社会贡献力量，奠定了认知基础。

　　本书包含4个单元，通过丰富的实践项目和案例分析，帮助大家掌握物联网与人工智能的相关概念与应用技术，提升编程能力和问题解决能力，培养创新思维。我们将一起探索智能技术如何改变未来，学习基本的智能技能，为个人成长和人类社会的进步储备知识与力量，为大家在科技创新领域的发展奠定坚实的基础，助力大家成长为人工智能拔尖人才。让我们一起开启这段充满智慧与创新的旅程吧！

　　第1单元"万物互联——物联网系统设计"，同学们将在学习物联网的基本概念和基本原理基础上，了解物联网系统的基本架构和设计方法；通过动手搭建简单的物联网系统，初步感受物联网技术的魅力和应用潜力。

　　第2单元"智能家居——物联网与人工智能"，同学们将通过探索人工智能技术应用于物联网系统的方法，实现智能家居的自动化和智能化；将应用传感器、执行器等设备构建智能家居系统，基于

Python等编程语言，实现人工智能技术在智能家居系统中的应用。

第3单元"美好物联——物联网安全"，重点关注物联网系统的安全性问题。同学们将学习如何保护物联网系统免受攻击和干扰，了解常见的安全威胁和防范措施，提升设计物联网系统的安全意识。

第4单元"智能气象站——物联网系统探索"，将结合气象学知识，引导同学们利用物联网技术构建智能气象观测系统。通过收集和分析气象数据，同学们将学习如何运用物联网系统探索自然现象的规律，培养跨学科思维和实践能力。

本册书的编写团队汇集了我国在探索人工智能教育方面卓有成效的国家级人工智能领域专家、基础教育人工智能研究团队、中小学人工智能教育教学名师等。编者们具有丰富的教学与实践经验，他们立足于学生生活实际，着眼拔尖人才培养，面向未来智能世界，研发了本书。相信本书对同学们的创新思维和数字素养提升会有所帮助。

未来，将因物联网而更加精彩；未来，将因物联网而更加美妙……

同学们，你们准备好了吗？让我们开始愉快的物联网学习之旅吧！

主　编　陕昌群

目 录

第3单元

美好物联——物联网安全......60

第4单元

智能气象站——物联网系统探索......85

第1单元
万物互联——物联网系统设计

单元情景

　　小朋友放学回家，忘记带钥匙，爸爸远程帮忙开锁。爷爷在老家生活，爸爸远程打开了爷爷房内的空调。家里的智能水电气表不用入户抄表，每月自动生成费用账单，通过应用程序即可缴费……生活中的物联网应用如图1.1所示，身边的许多物体都联网了，我们可以随时查看它们的位置、状态等信息。本单元先结合共享单车系统，进一步认识物联网系统的组成，从整体设计的角度综合考虑各功能模块的设计要点；再从设计者的角度分析共享车位系统的用户需求和各功能模块的设计要点；最后使用物联网知识改造其他项目。

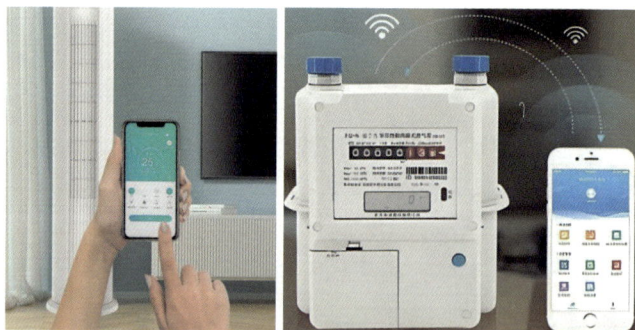

图1.1　生活中的物联网应用

单元主题

　　我们进入了万物互联的物联网时代，每一个项目在增加上物联网功能后，应用场景都大大拓展，我们的生活变得更加方便。请同学们思考如果为生活中的物体增加上物联网功能，我们的生活具体将会发生怎样的变化，请同学们畅想未来生活。

我的智能学习目标

1. 进一步掌握物联网系统的整体设计要点，分析用户需求，感受项目迭代的必要性。

2. 形成"确定问题→分析问题→形成问题解决方案→实施方案→优化迭代方案"的解决问题的思维模式。

我的智能学习工具

硬件准备：行空板、L298N模块、电机、电池。

软件准备：Mind+、Python。

第1课　模块设计——物联网的功能模块

我的智能生活

如图1.2所示，爸爸上下班都要骑共享单车，用手机就可以开锁骑车和一键还车。这其中蕴含着什么奥秘呢？

图1.2　扫码借车

我的智能活动计划

本节课将结合共享单车系统，回顾物联网的感知技术和了解物联网的通信方式，通过分析借车流程和还车流程，进一步认识物联网系统的组成。同学们可以参考图1.3所示的智能活动计划来开展本节课的学习。

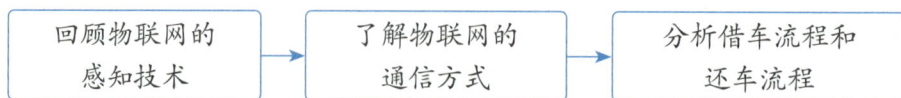

回顾物联网的感知技术 → 了解物联网的通信方式 → 分析借车流程和还车流程

图1.3　智能活动计划

我的智能学习

共享单车系统是一个典型的物联网系统，它由智能锁、移动支付平台、卫星定位系统等组成。如图1.4所示，用户使用手机App扫描共享单车上的二维码，解锁共享单车，此时共享单车系统开始记录用户骑行时间和轨迹。骑行结束后，系统自动生成费用账单。

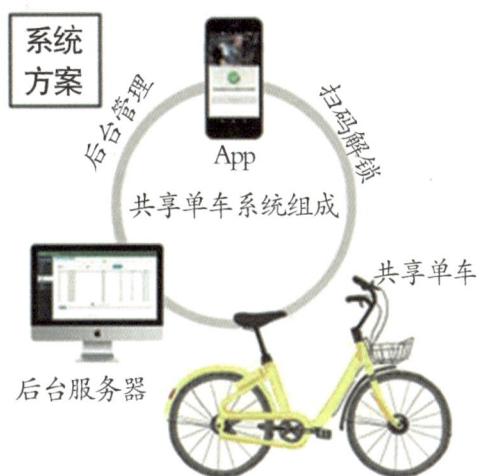

图1.4　共享单车系统

一、物联网的感知技术

如图1.5和图1.6所示，物联网感知层的感应器件有二维码标签和识读器、条形码标签、磁卡、IC卡、射频识别（RFID）标签和特殊字符标签等。

图1.5　二维码

图1.6　感知设备

二、物联网的通信方式

在物联网系统中，物体与物体之间进行双向数据交换，需要通过网络进行连接。物联网的通信方式如图1.7所示，在完成物体识别后，相应信息通过蓝牙或无线网络传输到服务器上。

蓝牙通信   无线网络通信

图1.7 物联网的通信方式

三、物联网的应用

如图1.8所示，物联网系统识别物体需要使用特定的软件，将数据存储在云服务器上，云服务器也需要安装相应的软件。物联网系统必须使用一些特定的软件才能实现相应的功能。

图1.8 物联网系统

共享单车系统的感知层负责进行物体识别，网络层负责进行数据传输，应用层负责实现特定功能。这3层共同构成了物联网系统的基础架构。共享单车系统如表1.1所示。

表1.1　共享单车系统

共享单车系统	感知层	二维码标签
	网络层	蓝牙、无线网络
	应用层	手机端特定应用、服务器端特定应用

我的智能探索

共享单车系统的应用场景包括借车和还车。共享单车系统的硬件包括单车、手机和服务器。结合共享单车使用经验，请同学们分组讨论一下借车流程和还车流程，并将相应空缺补全。

1.借车流程

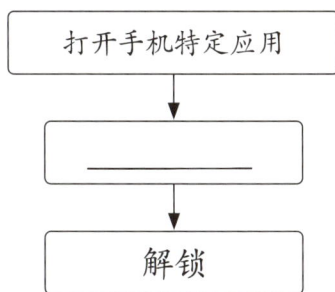

2.还车流程

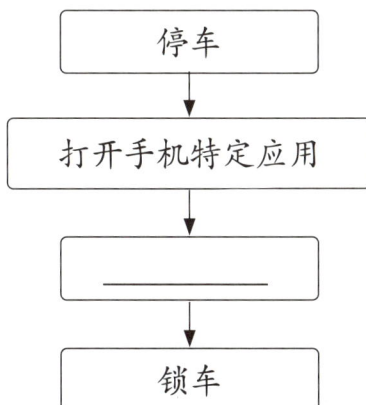

我的智能成果

通过本节课的学习，我们分析了共享单车系统的组成，包括共享单车系统中用到的传感器、借车流程、还车流程等。那么，物联网和互联网又有什么区别呢？请同学们将自己的收获以文字或图片的形式记录在表1.2中。

表1.2　我的收获

研究问题	我的收获
物联网与互联网的区别	

请同学们将本节课的学习活动表现评价记录在表1.3中。

表1.3　我的学习活动表现评价

评价内容	自我评价	组长评价
补全借车流程和还车流程	☆ ☆ ☆ ☆ ☆	☆ ☆ ☆ ☆ ☆
补全我的智能成果中的表格	☆ ☆ ☆ ☆ ☆	☆ ☆ ☆ ☆ ☆

我的智能视野

如表1.4所示，生活中的快递系统也是一个典型的物联网系统。快递系统包括包裹条形码扫描、数据传输和包裹追踪服务等。

表1.4　快递系统

快递系统	感知层	■二维码标签　　□条形码标签　　□磁卡 □IC卡　　　　　□RFID标签　　□特殊字符标签	
	网络层	□蓝牙　　　　　□红外线 ■互联网，用于<u>物品与服务器之间的通信</u>	
	应用层	移动端功能：<u>查询包裹位置、下单、付款等</u> 服务器端功能：<u>存储包裹位置数据、为终端提供数据</u><u>查询和更新服务</u>	

第2课　需求洞察——用户需求分析

我的智能生活

如今，停车难和停车贵是一大社会问题，与此同时有一些车位还存在分时段闲置的情况。如图 1.9 所示，如何充分利用闲置资源，既方便车主停车，又能为车位业主增加收益呢？共享车位系统可以很好地解决这一问题。

图 1.9　共享车位系统

我的智能活动计划

共享车位系统是一个大型的物联网系统。首先我们需要分析用户需求，确定待解决的问题，再设计共享车位系统以解决这些问题。我们可以通过网络问卷、实地采访、角色扮演等方法进行调查，需要调查车位的闲置时间和地点，还需要调查车位的需求时间和地点，从而得到停车场的供应车位总数和需求总数。同学们可以参考图 1.10 所示的智能活动计划来开展本节课的学习。

```
调查 → 统计数据 → 分析共享车位系统使用流程 → 形成报告
```

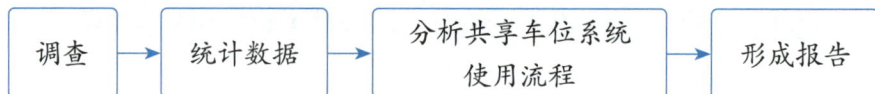

图 1.10　智能活动计划

我的智能学习

解决问题的前提是调查清楚真实情况、发现问题。通常的调查方法包括实地采访、网络问卷调查等，如图 1.11 所示。为了确保高效地调查出真实问题，需要选择有代表性的样本，确保问题足够清晰，避免出现引导性问题等。

网络问卷调查

图 1.11　调查方法

我们在进行信息统计时，可以使用金山表格、Excel 等软件。在对信息进行分类统计时，可以用表 1.5 所示的 ××× 小区白天车位需求与晚上车位需求进行对比，并按条目绘制出统计图。

表1.5　车位需求

时间	白天	晚上
可共享车位	<u>125</u>个	<u>56</u>个
车位需求	<u>102</u>个	<u>90</u>个
供需统计		

如表1.6所示，共享车位系统的用户分别是车位业主和有停车需求的车主。车位业主的主要操作是发布车位。有停车需求的车主的主要操作包括预约和停车。

表1.6　共享车位系统使用流程

车位业主发布车位	登录共享车位系统 → 发布车位 ——{ 车位产权证 / 可共享的时间段 }
有停车需求的车主预约	登录共享车位系统 ↓ 搜索可供应车位的停车场 ↓ 查看车位和可以停车的时间段 ↓ 预约
有停车需求的车主停车	到达停车场 ↓ 登录共享车位系统 ↓ 一键打开车位锁 ↓ 停车 ↓ 自动锁车位

我的智能探索

1. 设计调查表格

请同学们分组设计表1.7所示的共享车位信息调查表，收集车位供应信息和需求信息。

表1.7　共享车位信息调查表

车位业主	车位位置	＿＿＿＿＿停车场＿＿＿＿＿号车位
	可共享的时间段	＿＿＿时＿＿＿分至＿＿＿时＿＿＿分
有停车需求的车主	停车位置	＿＿＿＿＿停车场
	需要停车的时间段	＿＿＿时＿＿＿分至＿＿＿时＿＿＿分

2. 调查

以停车场为中心，请同学们自由分组，每个小组采用实地采访或者网络问卷调查的方式，调查用户需求信息。

对收集到的信息进行加工、整理和统计，形成表1.8所示的调查报告。

表1.8　＿＿＿＿＿停车场共享车位需求统计表

	时间	数量（个）
可共享车位	白天	
	晚上	
车位需求	白天	
	晚上	

通过分析以上调查数据，我们发现，该小区白天可共享车位有＿＿＿＿＿个，车位需求有＿＿＿＿＿个；晚上可共享车位有＿＿＿＿＿个，车位需求有＿＿＿＿＿个。

我的智能成果

请同学们将自己的收获以文字或图片的形式记录在表1.9中。

表1.9　我的收获

研究问题	我的收获
常见的调查方法	

请同学们将本节课的学习活动表现评价记录在表1.10中。

表1.10　我的学习活动表现评价

评价内容	自我评价	组长评价
补全共享车位信息调查表	☆☆☆☆☆	☆☆☆☆☆
补全停车场共享车位需求统计表	☆☆☆☆☆	☆☆☆☆☆

我的智能视野

共享车位系统有效解决了停车难的问题，充分利用了闲置资源。共享车位在一定条件下是可以收费的，可以参考表1.11所示的收费标准。共享车位的收费标准低于其他车位，切实解决了停车贵的问题。据悉，全国部分小区已进行了一些尝试，形成了较为成熟的经验。

表1.11　收费标准

类别	收费标准
供应车位	按次收取，10元/次
需求车位	按小时收取，3元/小时

第3课　智慧设计——物联网系统设计

我的智能生活

共享车位系统如图1.12所示。根据前一课内容，当车位业主要共享车位时，登录共享车位系统，发布共享车位相关信息。当有停车需求的车主想使用共享车位时，登录共享车位系统，搜索可共享车位并预约车位后，即可在可共享的时间段内使用该车位。

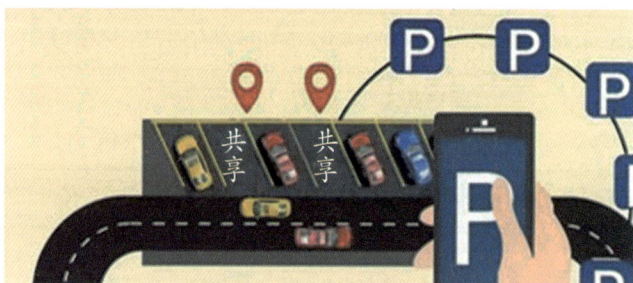

图1.12　共享车位系统

我的智能活动计划

本节课结合了用户的实际需求和共享车位系统的使用流程，将共享车位系统的具体细节设计出来，以便于开发系统。同学们可以参考图1.13所示的智能活动计划来开展本节课的学习。

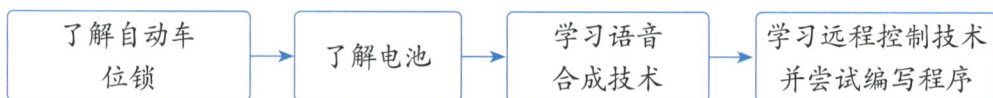

了解自动车位锁 → 了解电池 → 学习语音合成技术 → 学习远程控制技术并尝试编写程序

图1.13　智能活动计划

我的智能学习

一、自动车位锁

自动车位锁如图1.14所示，其主要功能有一键开锁、自动上锁和语音播报等。无须遥控器，使用手机App即可实现远程开关锁。自动车位锁控制舵机的程序与舵机状态如表1.12所示。

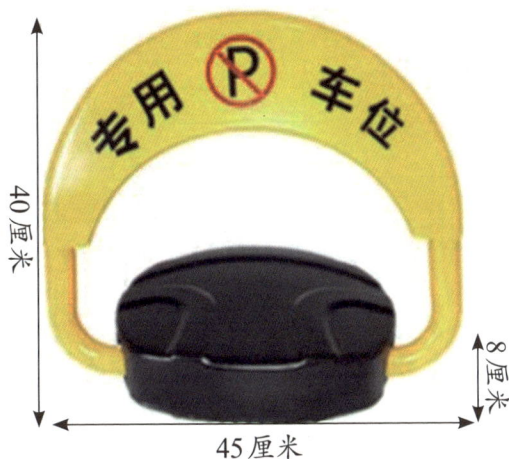

图1.14 自动车位锁

表1.12 控制舵机的程序与舵机状态

程序	舵机状态

二、电池

共享车位分布比较零散，不便于安装电线。最方便的方式是使用电池供电。常见的电池如表1.13所示。

表1.13　常见的电池

分类	图片
一次性碱性电池	
充电电池	

三、语音合成技术

语音合成技术又称文本–语音转换（TTS）技术，即实现"从文本到语音"，是利用计算技术识别、分析给定的信息文本并将其转换为自然流畅的语音信号的技术，是人机对话的一部分。语音合成技术可以让机器说话。语音合成模块如图1.15所示，语音合成芯片如图1.16所示。

图1.15　语音合成模块

图1.16　语音合成芯片

我的智能探索

　　自动车位锁系统包括执行端和控制端两部分，如图1.17所示。执行端使用硬件实现。控制端既可使用手机或计算机实现，也可以使用硬件实现。

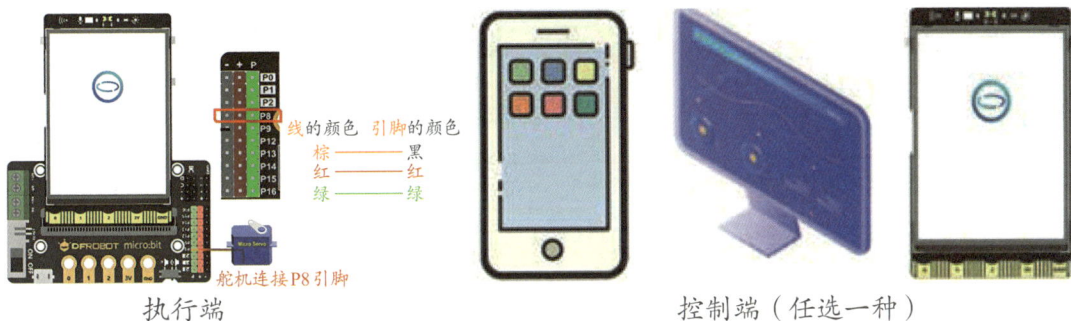

　　图1.17　自动车位锁系统

1. 执行端

　　执行端可以开启物联网服务，连接网络。如图1.18和图1.19所示，请同学们自由分组，各小组尝试添加舵机扩展，并编写执行端的程序。

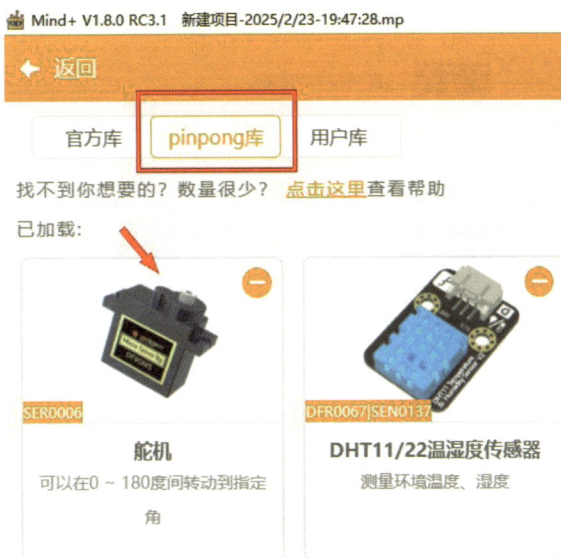

　　图1.18　添加舵机扩展

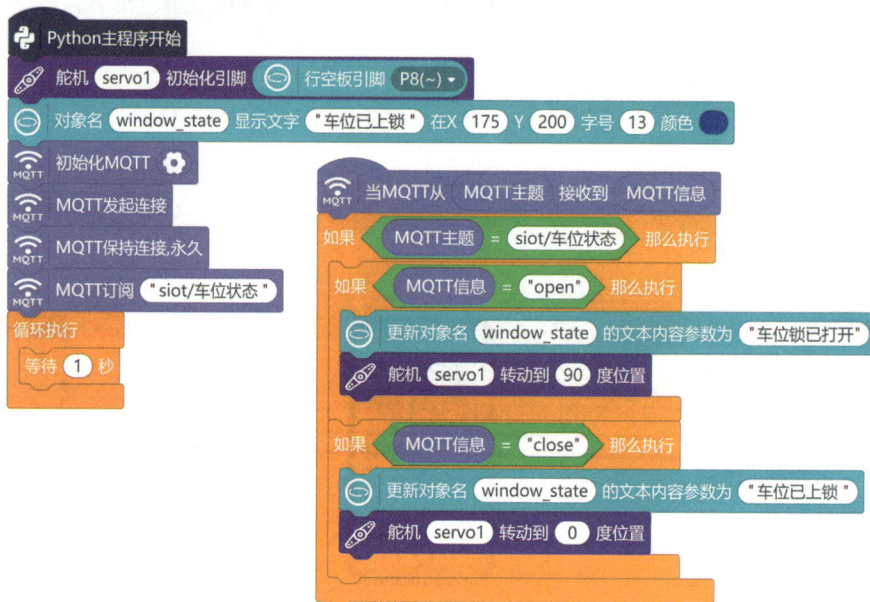

图 1.19　执行端的参考程序

2. 控制端

如图 1.20、图 1.21 所示，控制端可以打开浏览器，通过控制界面发送 "open" 或者 "close" 即可控制自动车位锁。图 1.22 为硬件控制端参考程序。

图 1.20　使用手机或计算机在打开的浏览器中控制

图 1.21　控制界面

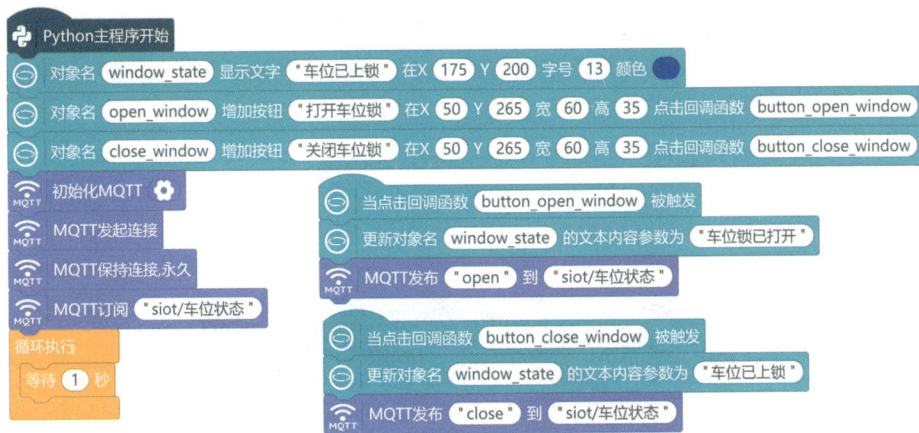

图1.22 硬件控制端的参考程序

我的智能成果

通过本节课的学习，同学们掌握了舵机的控制方法。与普通直流电机的动作进行对比，请同学们梳理一下舵机的动作。请同学们将自己的收获以文字或图片的形式记录在表1.14中。

表1.14 我的收获

研究问题	我的收获
普通直流电机的动作	① 顺时针旋转 ② 逆时针旋转 ③ 速度控制
舵机的动作	

请同学们将本节课的学习活动表现评价记录在表1.15中。

表1.15 我的学习活动表现评价

评价内容	自我评价	组长评价
分享交流执行端的编程方法	☆ ☆ ☆ ☆ ☆	☆ ☆ ☆ ☆ ☆
分享交流控制端的编程方法	☆ ☆ ☆ ☆ ☆	☆ ☆ ☆ ☆ ☆

我的智能视野

自动车位锁要实现不下车就能开锁的效果，常见的实现途径有红外线遥控器控制、蓝牙控制和物联网控制3种。

1. 红外线遥控器控制

图1.23为使用红外线遥控器控制示意图。红外线遥控器的控制范围是5～10米，车主在停车前必须先领取红外线遥控器才能使用。

图1.23　使用红外线遥控器控制示意图

2. 蓝牙控制

图1.24为使用手机蓝牙控制示意图。蓝牙通信距离大约为100米，停车时靠近停车位，通过手机蓝牙向自动车位锁发送开锁指令。

图1.24　使用手机蓝牙控制示意图

3.物联网控制

图1.25所示为物联网控制方式的架构。物联网控制方式不需要车主领取红外线遥控器，也不需要车主将车靠近停车位，但停车场必须全面覆盖手机信号。

图1.25 物联网控制方式架构

第4课　升级改造——一般项目的物联网改造

我的智能生活

早晨，人们匆匆忙忙地从家里出门，有时可能会忘记关灯，有时也可能会忘记关窗，这种行为会给人们的生活造成困扰，也可能造成损失。为了减少困扰或损失，我们可以对生活中常见的设备、设施进行物联网改造，使人们能随时随地地查看和控制它们。

我的智能活动计划

家庭中常见的设施、设备有水龙头、燃气阀、电器等，它们都可以被改造成电动的设施、设备，并可通过物联网对它们进行远程控制。例如，水龙头和燃气阀，可以使用电磁阀进行控制；电器如电灯使用的是机械开关，可以使用继电器进行控制等。同学们可以参考图1.26所示的智能活动计划来开展本节课的学习。

調查家庭中常见设施、设备的控制方式 → 学习继电器控制技术 → 学习电磁阀控制技术 → 尝试编写程序

图1.26　智能活动计划

我的智能学习

通过调查发现，一般家庭中常见设施、设备的控制方式有手动控制、机械开关控制和红外线遥控器控制等。这些常见的设施、设备均可以进行物联网改造，实现远程控制。物联网改造计划如表1.16所示。

对电灯、电视类电器进行物联网改造的目标，包括实现远程显示电器的状态和远程控制电源通断两部分。

表1.16　物联网改造计划

改造项目	改造前的控制方式	改造后的控制方式
水龙头和燃气阀	手动控制	基于物联网的电磁阀控制
电灯	机械开关控制	基于物联网的继电器控制
电视	红外线遥控器控制	网络遥控
窗户	手动推拉	电动推拉

1. 远程显示电器的状态

当电器接通电源时，物联网控制端显示为"打开"；关闭电源时，显示为"关闭"。参考表1.17所示的硬件和程序，实现物联网控制端的显示。

表1.17　硬件和程序1

硬件	
程序	

2. 远程控制电源通断

继电器模块如图1.27所示。家用电器的额定电压通常为220V，用继电器控制电灯、电视的开关，实际上是通过程序控制220V电源的通断。参考表1.18所示的硬件连接和程序，实现物联网的远程控制。

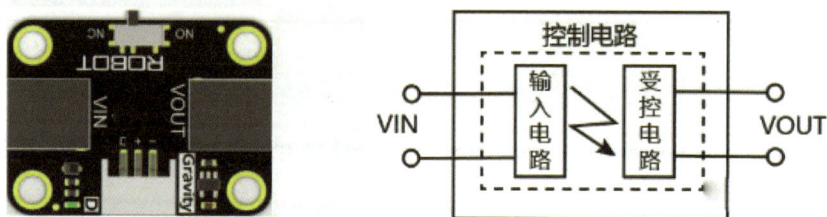

图1.27 继电器模块

表1.18 硬件连接和程序2

硬件连接	
控制程序	

我的智能探索

1. 程序控制电磁阀

电磁阀如图 1.28 所示。水和燃气都通过对应的管道进行输送，可以通过加装电磁阀的方式控制水和燃气的开关。参考控制程序如图 1.29 所示。请同学们自行分组，尝试编写程序，并进行操作。

图 1.28　电磁阀

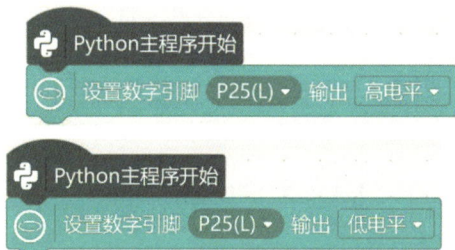

图 1.29　参考控制程序

2. 程序控制窗户的平移

窗户的平移控制器如图 1.30 所示。以窗户的平移为例，开窗和关窗可以通过电机的推力来实现。控制电机顺时针转动时为开窗，逆时针转动时为关窗。电机驱动模块 L298N 模块如图 1.31 所示，L298N 模块控制电机的方法如表 1.19 所示。

图1.30　窗户的平移控制器

图1.31　L298N模块（电机驱动模块）

表1.19　L298N模块控制电机的方法

IN1	IN2	电机运行效果
高	低	顺时针转动
低	高	逆时针转动

我的智能成果

通过本节课的学习，同学们掌握了通过物联网对家庭中常见设施、设备进行远程控制的实现方法，灵活使用这些方法，可以轻松对传统设施、设备进行物联网改造。请同学们将自己的收获以文字或图片的形式记录在表1.20中。

表1.20　我的收获

研究问题	我的收获
掌握的传统设施、设备的物联网改造方法	

请同学们将本节课的学习活动表现评价记录在表1.21中。

表1.21　我的学习活动表现评价

评价内容	自我评价	组长评价
能够远程控制继电器	☆ ☆ ☆ ☆ ☆	☆ ☆ ☆ ☆ ☆
能够远程控制电磁阀	☆ ☆ ☆ ☆ ☆	☆ ☆ ☆ ☆ ☆

我的智能视野

车位+物联网=共享车位系统，如图1.32所示。生活中的很多项目可以改造成物联网项目，将人、流程、数据和事物通过网络技术结合起来，实现更加智能化、自动化的信息交互和控制。

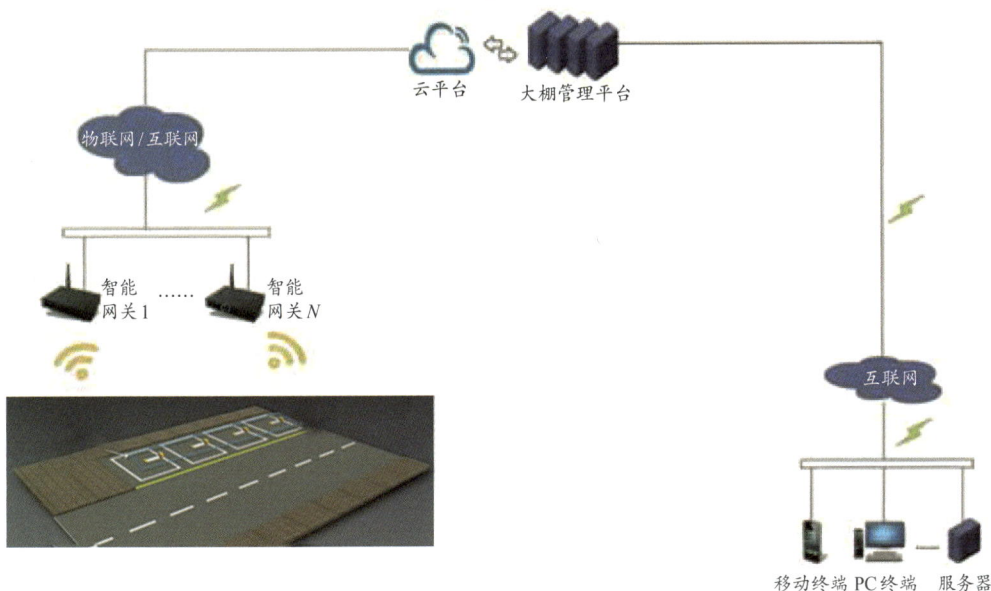

图1.32　共享车位系统

单元总结

我做了什么

本单元我们分析了物联网系统的用户需求，进行了物联网系统各部分功能的设计，还对家庭中常见设施、设备进行了物联网改造。通过本单元的学习，我们进一步提升了运用物联网知识解决实际问题的能力。

我学会了什么

采用科学的调查方法来分析用户需求。

站在项目设计者的角度设计物联网系统。

我的收获是什么

通过本单元的学习，我们掌握了物联网系统的设计方法，将现实生活中的物联网系统，拆分成一个个可实施的模块，再按模块进行设计、制作。这种分模块设计与制作的方法可以高效地解决问题，也有利于快速查找和排除故障。

第2单元
智能家居——物联网与人工智能

单元情景

　　本单元探索智能家居，结合人工智能技术和物联网技术，满足家庭智能化需求。机器学习是人工智能的核心。通过机器学习，智能空调可以自动感知环境并自动调节温度，保持室内舒适度；智能摄像头可以识别家庭成员并发送通知。智能家居将会更加智能化和人性化，使人们感受到舒适与便捷。智能家居示意图如图2.1所示。

图2.1　智能家居示意图

单元主题

　　物联网技术与人工智能技术赋能智能家居，实现智能控制管理，为人们带来极致的便捷体验。请同学们讨论和思考，设计智能家居，需要哪些技术和设备？智能家居能提供哪些功能？请思考图2.2中的问题。

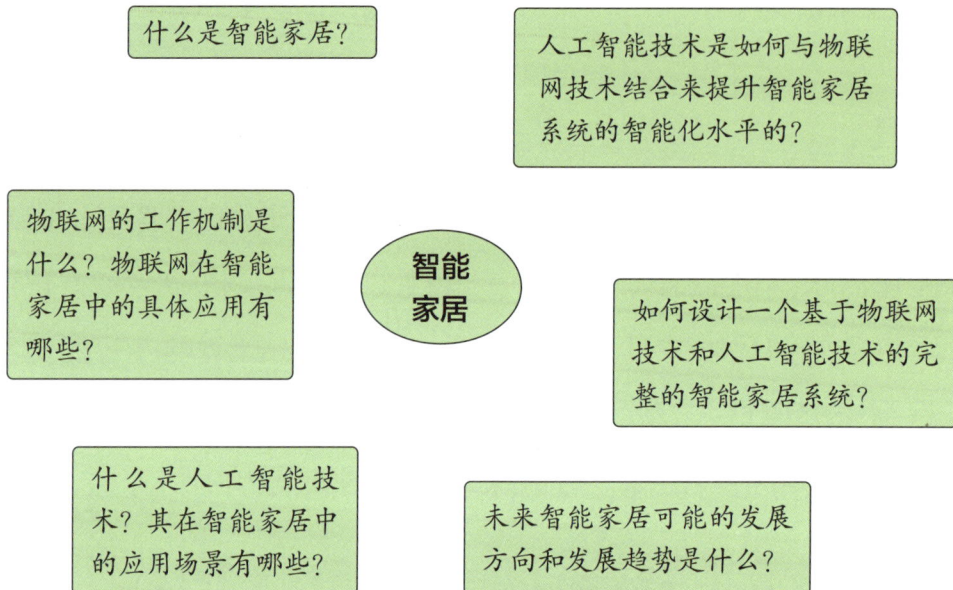

图2.2　智能家居相关问题

我的智能学习目标

1. 能够清晰地描述什么是智能家居及它是如何改善日常生活的。

2. 解释物联网的工作机制，并举例说明其如何在智能家居中实现设备的远程控制和智能管理。

3. 理解人工智能技术的基本概念，特别是理解机器学习和图像识别技术在智能家居系统中的应用。

4. 讨论人工智能技术是如何与物联网技术结合来提升智能家居系统的智能化水平的。

5. 学会如何设计一个基于物联网技术和人工智能技术的完整智能家居系统。

6.畅想未来智能家居可能的发展方向和发展趋势。

我的智能学习工具

硬件准备

智能终端：行空板。

移动终端：计算机（用于模拟移动终端）。

服务器端：行空板。

传感器：DHT11、光线传感器、水分传感器、摄像头。

执行器：继电器、灯环、家用小风扇。

软件准备

设计智能家居系统，涵盖编程环境、网络和通信软件、数据库和后端服务、安全工具等多个领域的技术。

编程环境：Arduino IDE、Mind+。

网络和通信软件：MQTT、Node-RED。

数据库和后端服务：InfluxDB、Home Assistant。

安全工具：VPN、SSL/TLS。

第1课　智能互联——智能家居中物联网的应用

我的智能生活

当你走进客厅时，智能音箱自动为你播放轻音乐，让你放松身心。智能窗帘缓缓拉开，让室外的阳光照进屋内。

我的智能活动计划

如果同学们想打造属于自己的智能家居系统，可以参考图2.3所示的智能活动计划来开展本节课的学习。

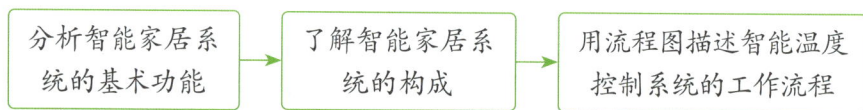

分析智能家居系统的基本功能 → 了解智能家居系统的构成 → 用流程图描述智能温度控制系统的工作流程

图2.3　智能活动计划

我的智能学习

在智能家居中，物联网通过信息传感器将灯具、恒温器和安全摄像头等设备连接到互联网上，使它们处于实时监控状态并能够相互通信。这些设备根据传感器收集的数据自动调整状态以提升舒适度和能效，同时允许用户通过智能手机应用程序远程控制和管理家庭环境，实现家居生活的智能化和便捷性。

我的智能探索

一、分析智能家居系统的基本功能

根据智能家居的应用场景，填写表2.1。这些智能家居能为用户带来怎样的体验？

表2.1　分析智能家居系统的基本功能

基本功能	具体应用	功能描述	问题思考
智能环境控制			智能家居如何提升用户居住的舒适度
智能安全监控			智能家居如何提升家庭安全水平
娱乐			智能家居如何提升娱乐体验
智能能源管理			智能家居如何帮助节约能源
智能健康管理			智能家居是如何关注居民健康的

二、了解智能家居系统的构成

智能家居系统由基础架构层、设备层、感知层和应用层构成。基础架构层包括智能网关和通信协议，连接内外网络；设备层涵盖智能家电、自动化设备、安防设备等；感知层由传感器网络组成，收集环境信息；应用层提供用户界面和云服务平台，实现远程控制和管理。整个系统还包含安全措施，保障用户数据安全。

请同学们分组探讨以下问题。

1. 智能家居系统是如何集成到统一控制平台上的？

2. 数据是如何在智能家居系统中流动的？

3. 智能家居系统是如何节约能源并减少对环境的影响的？

三、用流程图描述智能温度控制系统的工作流程

请在图2.4中补充关键信息以绘制智能温度控制系统的工作流程图。

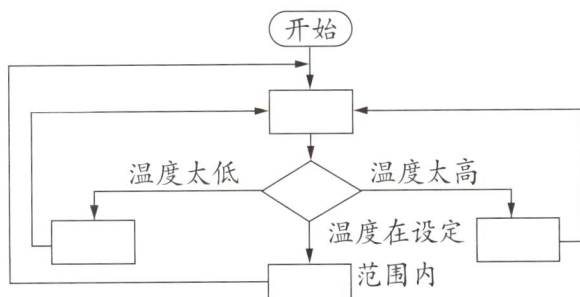

图2.4　智能温度控制系统的工作流程图

我的智能成果

请同学们将自己的收获以文字或图片的形式记录在表2.2中。

表2.2　我的收获

研究问题	我的收获
智能家居系统的构成	

请同学们将本节课的学习活动表现评价记录在表2.3中。

表2.3　我的学习活动表现评价

评价内容	自我评价	组长评价
分析智能家居系统的基本功能	☆ ☆ ☆ ☆ ☆	☆ ☆ ☆ ☆ ☆
了解智能家居系统的构成	☆ ☆ ☆ ☆ ☆	☆ ☆ ☆ ☆ ☆
用流程图描述智能温度控制系统的工作流程	☆ ☆ ☆ ☆ ☆	☆ ☆ ☆ ☆ ☆

我的智能视野

回顾学习过程，利用掌握的知识和方法，同学们继续研究智能交通、智慧城市、智能健康等场景，利用物联网技术及人工智能技术设计和制作智能场景应用系统。

第2课　AI赋能——人工智能在智能家居中的作用

我的智能生活

同学受邀到你家做客，智能门锁通过人脸识别实现自动开锁，家里的智能设备开始调整室温、播放音乐。你进入厨房，智能冰箱已根据同学的口味偏好提出晚餐建议。智能家居——智能厨房示意图如图2.5所示。

图2.5　智能家居——智能厨房示意图

我的智能活动计划

智能家居是怎么做到让人们的生活更便捷的？本节课将带同学们探索人工智能是如何赋能智能家居的。同学们可以参考图2.6所示的智能活动计划来开展本节课的学习。

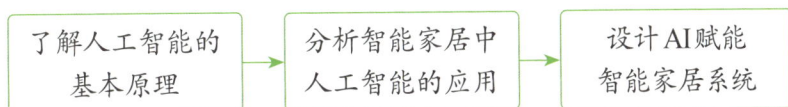

了解人工智能的基本原理 → 分析智能家居中人工智能的应用 → 设计AI赋能智能家居系统

图2.6　智能活动计划

我的智能学习

　　人工智能是指通过编程使计算机模拟人类智能行为的技术，使计算机具备学习、推理、感知和决策能力。智能家居中的智能温度控制系统的设计包括需求分析、系统设计、人工智能模型开发、集成与测试、部署优化及反馈迭代等阶段，以确保系统功能完备且高效。

我的智能探索

一、人工智能的基本原理

　　人工智能技术是如何赋能我们的生活场景的？下面请同学们自由分组，通过"AI助手大挑战"游戏来了解人工智能的基本原理。"AI助手大挑战"游戏流程如图2.7所示。

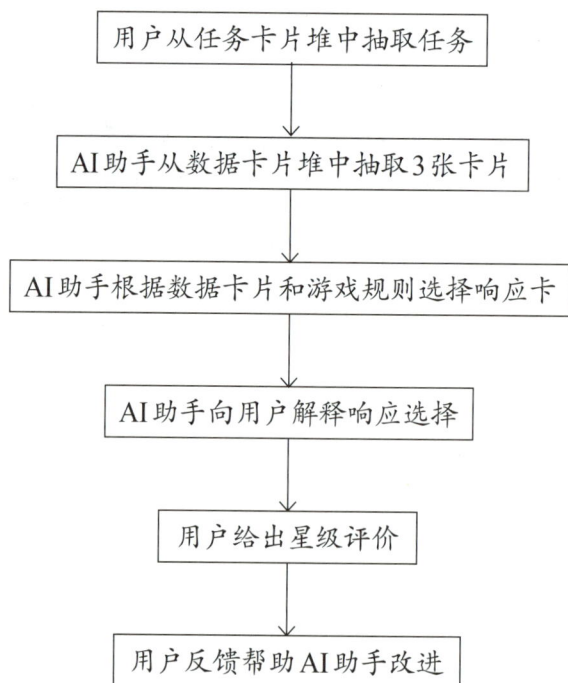

图2.7 "AI助手大挑战"游戏流程

　　将游戏过程记录在表2.4中。

表2.4 AI助手大挑战

学生姓名	扮演角色	完成的任务	使用的数据卡片	决策质量	解释能力	团队反馈	总体评价（星级）
小智	AI助手	选择午餐	营养信息、价格、口味偏好	高	强，解释详细	积极	★★★★☆

从数据收集到数据分析，做出决策，以及根据用户反馈进行学习和改进，这些步骤共同构成了人工智能系统的核心，是人工智能工作的基本原理。

二、智能家居中人工智能的应用

智能家居系统示意图如图2.8所示。

图2.8 智能家居系统示意图

人工智能技术在智能家居中的应用越来越广泛，不仅丰富了家居设备、设施的功能，还提升了人们居住环境的舒适度和生活的便利性。请同学们自由分组讨论，并完成表2.5的填写。

表2.5　人工智能技术在智能家居中的应用分析

序号	应用	使用的人工智能技术	功能描述	预期效果	可能面临的挑战
示例	智能照明系统	语音识别	通过语音控制或智能手机应用程序远程操作	控制灯的开关、亮度变化	语音识别的准确性
1	智能温度控制系统				
2	智能影音系统				
3	智能安全系统				
4	智能厨房设备				

三、AI赋能的智能家居系统设计

请参考图2.9分组绘制出智能温度控制系统的工作流程图，并描述它的功能和工作原理。

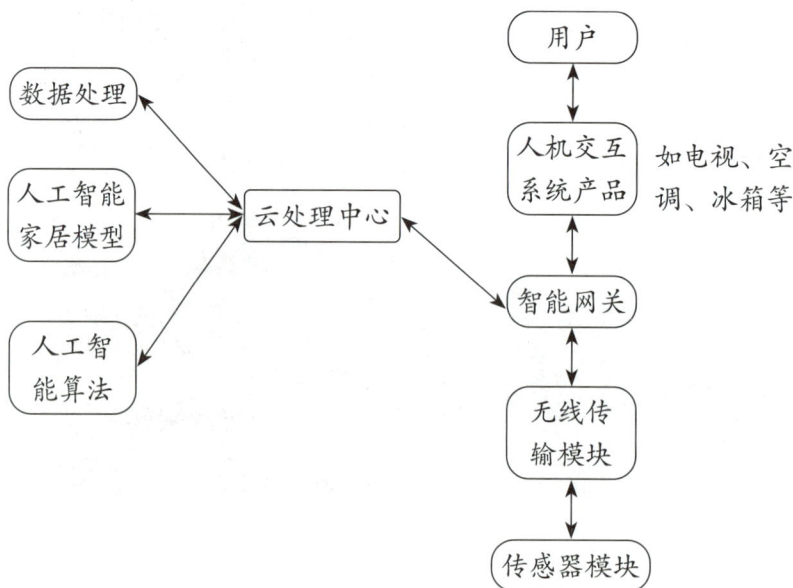

图2.9　AI赋能的智能家居系统的工作原理

智能家居中的智能温度控制系统通过温度传感器收集室内外温度和用户以往设置的温度，通过机器学习算法分析这些数据以学习用户的温度偏好。系统自动调整空调或加热设备（如电暖设备），以维持用户偏好的舒适温度，实现能效最优化。用户可通过智能手机应用程序或语音助手控制和设置温度，系统还能根据季节和天气自动调节设置，在确保舒适的同时节约能耗。

我的智能成果

请同学们将自己的收获以文字或图片的形式记录在表2.6中。

表2.6 我的收获

研究问题	我的收获
人工智能是如何赋能智能家居系统的	

请同学们将本节课的学习活动表现评价记录在表2.7中。

表2.7 我的学习活动表现评价

评价内容	自我评价	组长评价
"AI助手大挑战"游戏过程	☆ ☆ ☆ ☆ ☆	☆ ☆ ☆ ☆ ☆
智能家居中人工智能的应用	☆ ☆ ☆ ☆ ☆	☆ ☆ ☆ ☆ ☆
AI赋能的智能家居系统设计	☆ ☆ ☆ ☆ ☆	☆ ☆ ☆ ☆ ☆

我的智能视野

机器学习作为人工智能的核心技术，在智能家居系统中扮演着重要角色，通过各种学习方式（如监督学习、非监督学习、强化学习和深度学习）实现了个性化定制、节能管理和安全监控等功能。这些技术帮助智能家居系统不断地从与用户交互中学习，以更好地适应环境变化。

第3课 系统构建——智能家居系统的设计

我的智能生活

如果家中装备了智能家居系统，当你醒来时，床头灯和窗帘会自动打开，智能家居系统会自动调节房间的灯光和温度并播放悦耳的音乐。智能屏幕可以帮助你高效规划生活细节，从衣着到学习，无微不至。智能家居系统示意图如图2.10所示。

图2.10 智能家居系统示意图

我的智能活动计划

智能家居系统的设计与开发需要经历用户需求分析、系统设计、人工智能模型开发、系统集成与测试、系统部署与优化、用户反馈与系统迭代等环节。本节课将带领同学们探索设计一个智能家居系统。同学们可以参考图2.11所示的智能活动计划来开展本节课的学习。

| 从用户需求分析出发，明确智能家居系统的基本功能 | → | 根据智能家居系统的基本功能选择合适的软硬件 | → | 明确智能家居系统的工作流程 | → | 搭建智能灯光控制系统 |

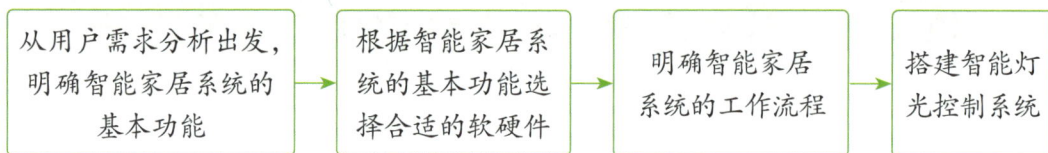

图2.11　智能活动计划

我的智能学习

用户需求分析：明确用户需求，将用户需求转化为可实施的系统要求，确保目标清晰。

系统设计：规划系统架构，设计功能模块、数据流和界面，为系统建设奠定基础。

人工智能模型开发：利用数据和算法训练人工智能模型，模拟人类智能行为，解决特定问题。

系统集成与测试：整合各功能模块，进行功能完整性测试和性能测试，确保系统稳定运行。

系统部署与优化：将系统部署到应用环境中，对系统进行性能调优，提升用户体验。

用户反馈与系统迭代：收集用户反馈，通过持续迭代不断优化系统，适应不断变化的需求。

我的智能探索

一、从用户需求分析出发，明确智能家居系统的基本功能

如果要设计和开发一个智能家居系统，需要它实现哪些功能？又需要哪些技术支撑？人工智能在智能家居系统中起了什么作用？请同学们分组讨论，并完成表2.8。

表2.8　用户需求分析

应用场景	功能描述	软硬件	人工智能所起的作用	带来的便利
灯光和温度控制	自动调节房间的灯光和温度	传感器（温度传感器、光线传感器）、智能灯具、智能温度控制系统	分析用户起床时间，预测最佳照明和温度设置	为用户创造一个舒适的起床环境，并节能减排
自动打开床头灯和窗帘				
播放悦耳的音乐				
智能屏幕显示				

二、根据智能家居系统的基本功能选择合适的软硬件

根据用户需求分析完成系统软硬件的配置（见表2.9），并说明其在智能家居系统中的具体应用。

表2.9　系统软硬件的配置

功能模块	硬件设备	软件/平台	连接协议	说明
灯光和温度控制	智能灯泡、智能温度控制器、温度传感器、光线传感器	家居自动化平台（如Home Assistant）	ZigBee/Wi-Fi	灯光与温度根据时间自动调节
床头灯和窗帘控制				
音乐播放				
信息显示和日程提醒				

三、明确智能家居系统的工作流程

参考智能温度控制系统的工作流程图（见图2.12）完成智能灯光

控制系统工作流程图的绘制。

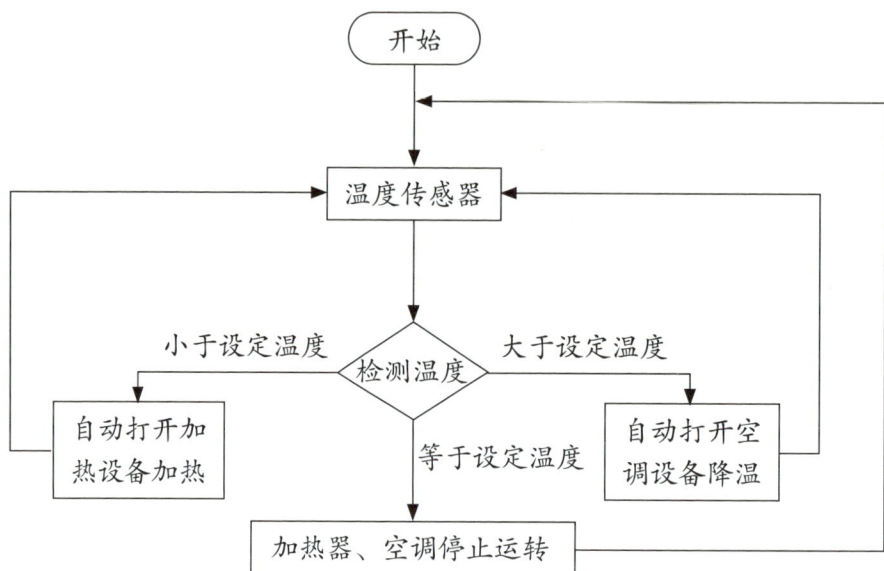

图 2.12　智能温度控制系统的工作流程图

四、搭建智能灯光控制系统

智能灯光控制系统的工作原理如图 2.13 所示。

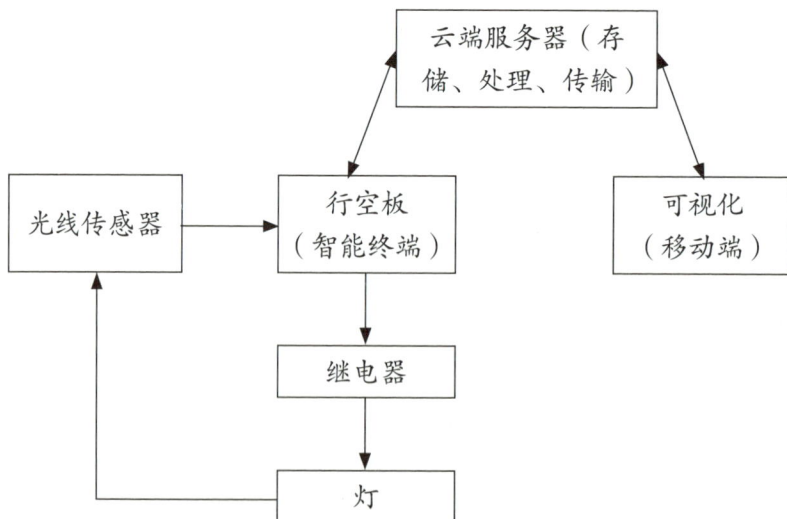

图 2.13　智能灯光控制系统的工作原理

使用行空板和NodeMCU（开源的物联网平台）搭建智能灯光控

制系统。搭建智能灯光控制系统的流程如图2.14所示，Python代码概览和NodeMCU代码概览分别如图2.15和图2.16所示。

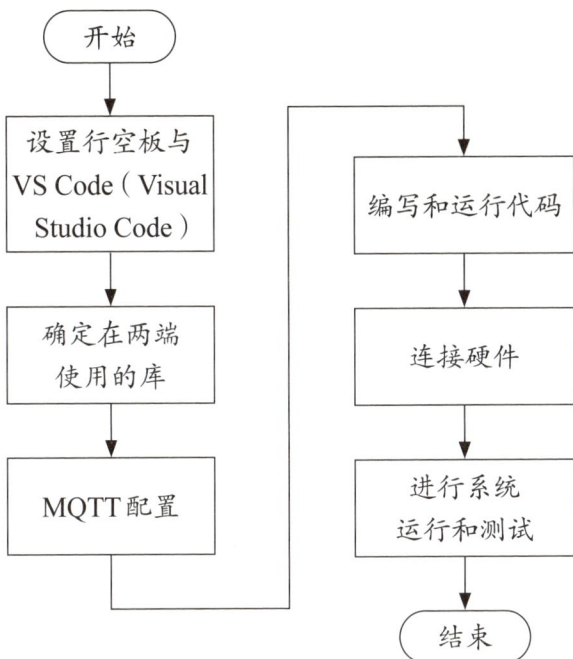

图2.14　搭建智能灯光控制系统的流程

```
# 定义全局变量
global nowtime, data_temp, data_humidity, data_light, data_water, state_lamp, state_fan, state_camera
data_light = 1023        # 光线数据
state_lamp = "关闭"       # 灯光状态变量：关闭/明亮/暖黄
is_auto_mode = 0         # 定义一个标志位——自动模式，1为开，0为关

# 初始化硬件
# 初始化主控板
Board('UNIHIKER').begin()
dht11 = DHT11(Pin(Pin.P4))  # P4    # 创建 DHT11 实例
# 创建模拟环境光实例
light_1 = Pin(Pin.P1, Pin.ANALOG)   # 初始化 P1 引脚为模拟输入模式
# 创建继电器实例
relay_10 = Pin(Pin.P10, Pin.OUT)    # 初始化 P10 引脚为数字输出模式
relay_10.write_digital(0)    # 控制继电器引脚为高电平，关闭继电器，1 为 0 亮，亮则启动
# 创建雨滴传感器实例
water_2 = Pin(Pin.P2, Pin.IN)    # 初始化 P2 引脚为数字输入模式
# 创建灯灯环实例
np_16 = NeoPixel(Pin(Pin.P16), 16)  # 引脚 16，灯数为 16
np_16.clear()    # 清空显示
# 创建蜂鸣器实例
tone = Tone(Pin(Pin.P26))    # 将 Pin 传入 Tone 中实现模拟输出
tone.freq(200)    # 按照设置的频率 200 赫兹播放

# 定义功能函数
# 显示不同颜色的灯光
def lamp_bright():    # 明亮——白光
    lamp_number = 0
    for index in range(16):
        np_16[lamp_number] = (255, 255, 255)
        lamp_number = lamp_number + 1
    text_state_lamp.config(text='明亮')

def lamp_warm():    # 暖黄——黄光亮
    lamp_number = 0
    for index in range(16):
        np_16[lamp_number] = (255, 255, 0)
        lamp_number = lamp_number + 1
    text_state_lamp.config(text='暖黄')

def lamp_close():    # 关闭——黑
    lamp_number = 0
    for index in range(16):
        np_16[lamp_number] = (0, 0, 0)
        lamp_number = lamp_number + 1
    text_state_lamp.config(text='关闭')
```

```
import sqlite3    # 导入 sqlite3 数据库
import datetime    # 导入 datetime 日期时间模块
import time
import requests
import cv2
import numpy as np
import pandas as pd
import matplotlib.pyplot as plt
import mpld3
import socket
import csv
from sklearn.preprocessing import LabelEncoder, OrdinalEncoder
from flask import Flask    # Flask 模块

# 定义数据库文件名
db_file = 'templates/data.db'
# 定义文件存放路径
jpg_file = 'static/face.jpg'
csv_file0 = 'templates/AN_collected.csv'
csv_file1 = 'templates/AN_original.csv'
csv_file2 = 'templates/AN_dealed.csv'

# 实例化 GUI 类（假设 GUI 类已定义）
gui = GUI()

# Web 初始化
app = Flask(__name__)    # 创建 Web 应用实例

# 定义全局变量
global data_temp, data_humidity, data_light, data_water, state_lamp, state_fan
data_light = 1023        # 光线数据
state_lamp = "关闭"       # 灯光状态变量：关闭/明亮/暖黄
count_lamp = 0        # 计次
flag_state_lamp_on = 0    # 开灯标志变量
flag_state_lamp_off = 0    # 关灯标志变量
flag_mode_manual = 0    # 手动模式标志变量
flag_mode_auto = 0    # 自动模式标志变量

# 定义按钮的回调函数
# 打开灯光：明亮/暖黄
def lamp_open():
    global count_lamp, flag_state_lamp_on
    count_lamp = count_lamp + 1
    if count_lamp % 2 == 1:
        text_state_lamp.config(text='明亮')    # 明亮灯光
        flag_state_lamp_on = 1
    else:
        text_state_lamp.config(text='暖黄')    # 暖黄灯光
        flag_state_lamp_on = 2

# 关闭灯光
def lamp_close():
    text_state_lamp.config(text='关闭')    # 关闭灯光
    global flag_state_lamp_off
    flag_state_lamp_off = 1
```

图2.15　Python代码概览　　　　图2.16　NodeMCU代码概览

我的智能成果

请同学们将自己的收获以文字或图片的形式记录在表2.10中。

表2.10　我的收获

研究问题	我的收获
如何设计智能家居系统	

请同学们将本节课的学习活动表现评价记录在表2.11中。

表2.11　我的学习活动表现评价

评价内容	自我评价	组长评价
从用户需求分析出发，明确智能家居系统的基本功能	☆ ☆ ☆ ☆ ☆	☆ ☆ ☆ ☆ ☆
根据智能家居系统的基本功能选择合适的软硬件	☆ ☆ ☆ ☆ ☆	☆ ☆ ☆ ☆ ☆
明确智能家居系统的工作流程	☆ ☆ ☆ ☆ ☆	☆ ☆ ☆ ☆ ☆

我的智能视野

在人工智能领域持续革新的进程中，DeepSeek带来了重大突破——其旗下的DeepSeek R1模型正式支持函数调用（Function Call）功能。这一更新可谓意义非凡，它积极回应了众多开发者此前在GitHub上对R1不支持该功能表达的遗憾，也为AI模型的智能化应用开拓出一片崭新天地。

第4课　生活智变——智能家居成就智能生活

我的智能生活

同学们在科技节上展示了他们各自设计的智能家居系统，如图2.17所示。

图2.17　同学们设计的智能家居系统

我的智能活动计划

通过学习，同学们设计出了智能家居系统。本节课请同学们对设计和开发的智能家居系统进行展示。同学们可以参考图2.18所示的智能活动计划来开展本节课的学习。

展示准备　→　互动展示　→　投票与评价　→　反思与讨论

图2.18　智能活动计划

我的智能学习

要更好地展示智能家居系统的设计，首先要明确核心设计理念，用精练的语言提炼出最吸引人的部分。其次，智能家居系统的展示应清晰，应进行多角度展示，凸显其独特之处。最后，采用故事化叙述策略讲述设计理念与产品，这样更能引发用户的情感共鸣，加深用户对设计理念与产品的理解。此外，还可以利用多媒体平台提升用户互动体验，增强用户的参与感，增加记忆点，从而快速记住我们的设计理念与产品。

我的智能探索

一、展示准备

请同学们自由分组，每个小组准备一份简短的演讲稿，从以下几方面介绍团队的设计。

1.设计初衷、解决的主要问题、使用的软件和硬件。

2.关键功能、操作界面。

3.创新点、应用场景、未来改进的方向。

二、互动展示

同学们分组进行互动展示。

三、投票与评价

以小组为单位对其他小组设计的智能家居系统进行评价，并填写表2.12。

表2.12　智能家居系统评价表

第_____组

评价指标	评分范围	评价内容	得分
设计理念	0～20分	评估设计的初衷是否明确，是否明确解决了实际问题	
技术实现	0～20分	详细介绍所用的技术和设备，包括软件和硬件的适用性和创新性	

续表

评价指标	评分范围	评价内容	得分
功能展示	0～20分	演示关键功能，如自动调光、温度自动控制等，评估功能的实用性和执行效果	
用户界面	0～20分	展示操作界面的用户友好性和互动性，评估界面设计的合理性	
创新点	0～10分	重点评估智能家居系统中的创新元素，如特殊算法或独特设备应用	
实际应用	0～5分	讨论智能家居系统在日常生活中的应用场景和潜在益处	
用户反馈与改进	0～5分	根据测试和用户反馈得到的当前及未来的智能家居系统改进方向	

四、反思与讨论

选出你认为最佳的智能家居系统设计，并给出你的理由。与你所在小组设计的智能家居系统相比，他们设计的智能家居系统优点是什么？后续你们将会对智能家居系统进行什么样的改进？展示的智能家居系统的基本要素如图2.19所示。

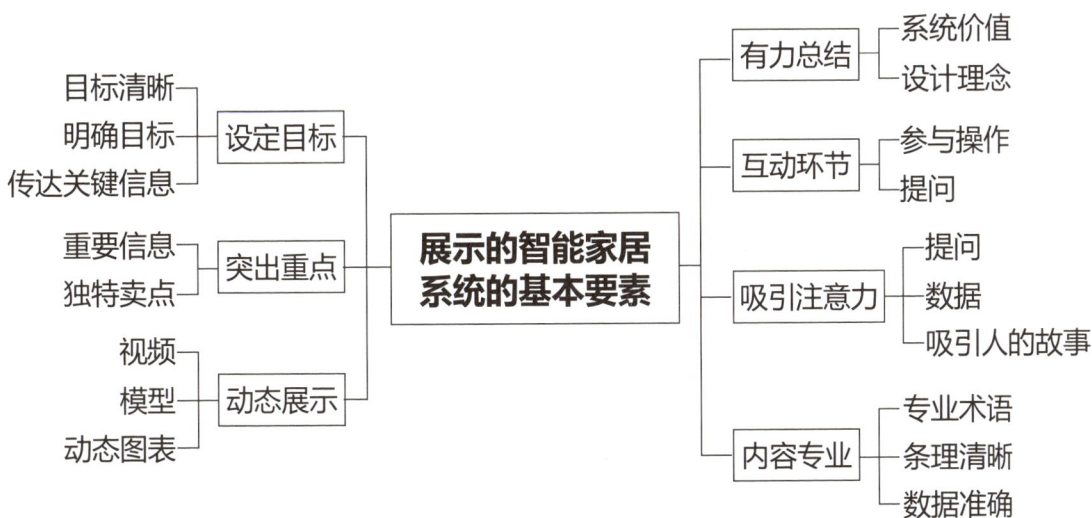

图2.19　展示的智能家居系统的基本要素

我的智能成果

请同学们将自己的收获以文字或图片的形式记录在表2.13中。

表2.13 我的收获

研究问题	我的收获
智能家居系统的展示	

请同学们将本节课的学习活动表现评价记录在表2.14中。

表2.14 我的学习活动表现评价

评价内容	自我评价	组长评价
互动展示	☆ ☆ ☆ ☆ ☆	☆ ☆ ☆ ☆ ☆
投票与评价	☆ ☆ ☆ ☆ ☆	☆ ☆ ☆ ☆ ☆
反思与讨论	☆ ☆ ☆ ☆ ☆	☆ ☆ ☆ ☆ ☆

我的智能视野

未来的智能家居如图2.20所示。

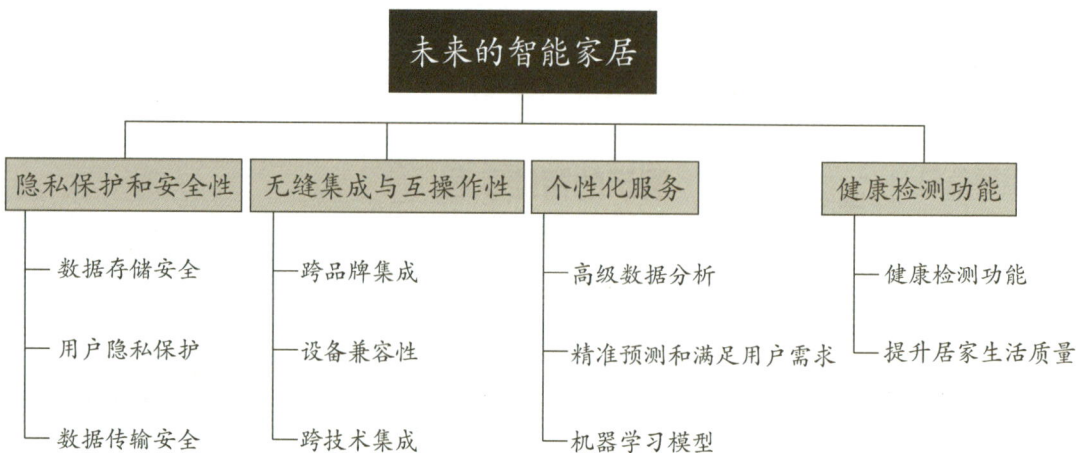

图2.20 未来的智能家居

单元总结

我做了什么

在本单元中，我们了解了如何设计智能家居系统，学习了如何通过物联网技术和人工智能技术，实现家庭的智能化管理。通过小组合作和项目实践，我们完成了从用户需求分析、系统设计到系统集成的全过程，并亲手搭建了智能温度控制系统和智能灯光控制系统等智能家居模块。

我学会了什么

理解智能家居的基础概念后，我们结合物联网架构，实现了设备的联网与远程控制，例如通过编程管理家电；进一步深入学习了人工智能技术，利用机器学习优化系统的个性化服务与运行效率；最终，通过整合物联网的感知层、网络层和应用层，并结合人工智能算法，完成从理论到实践的智能家居系统设计。这一过程涵盖硬件搭建、软件编程及功能调试全流程，实现了技术与实际场景的深度融合与应用。

我的收获是什么

通过实践，我深刻体会到智能家居系统为生活带来的便捷性，例如温控、灯光调节和安防监控的自动化。同时，我系统掌握了智能家居系统的设计与开发全流程，并通过团队协作完成项目开发与成果优化，结合用户反馈不断迭代完善功能。此外，我还拓展了对行业趋势的认知，聚焦未来智能化家庭管理的发展方向，如物联网技术的深度整合与AI算法的集成，以及高度个性化的用户体验（如自适应场景模式）。这些实践为技术与生活场景的深度融合奠定了坚实基础。

第3单元
美好物联——物联网安全

单元情景

如图3.1所示，未来智能家校物联网系统的使用让我们的学习与生活变得更加便捷和高效。我们在享受这些便利的同时，必须确保系统的安全性。

图3.1 未来智能家校物联网系统使用示意图

单元主题

学习物联网安全知识，为智能家校物联网系统写一份安全建议书。

我的智能学习目标

1. 了解身份验证与访问控制的作用与实施方法。

2. 了解数据加密与隐私防护及应对攻击的措施，并能实现简单的加密。

3. 认识到物联网平台安全的重要性，根据场景选择合适的物联网平台。

4. 能够在物联网的设计过程中考虑安全因素，采取相应措施提高物联网的安全性。

我的智能学习工具

硬件准备：接入互联网的计算机。

软件准备：图形化编程软件、Python 编程软件。

第1课　第一防线——身份验证与访问控制

我的智能生活

在数字化时代，身份验证与访问控制是保护个人隐私和保障数据安全的重要手段。

我的智能活动计划

为研究身份验证与访问控制，制订智能活动计划。同学们可以参考图3.2所示的智能活动计划来开展本节课的学习。

了解身份验证 → 了解访问控制 → 用自然语言描述身份验证与访问控制的流程 → 用流程图描述身份验证与访问控制的流程 → 根据身份验证与访问控制流程图，用程序实现用户名与密码验证及访问控制

图3.2　智能活动计划

我的智能学习

一、了解身份验证

身份验证是指确认一个用户身份的过程。身份验证方法包括基于信息秘密（如密码）的身份验证方法、基于物理安全性的身份验证方法（如发送手机短信验证码）和基于生物行为特征（如指纹识别）的身份验证方法等。

用户名与密码验证是我们常用的一种身份验证方法。密码分强弱密码，密码字符种类越多，密码的长度越长，密码越强、越安全。

二、了解访问控制

不同用户对数据进行查询等操作应当具有不同的权限，即将用户划分为不同角色，进行用户访问权限分级。智能家校物联网系统中的用户权限分配表如图3.3所示。

以在智能家校物联网系统中记录或查询学生的运动情况为例，讨论不同身份的用户分别具有哪些权限，如何对他们进行权限控制（合理即可）。

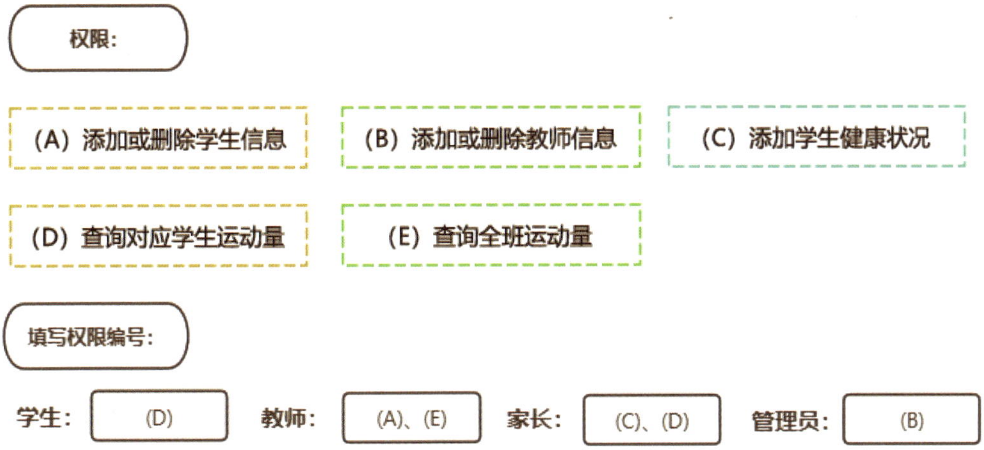

图3.3　智能家校物联网系统中的用户权限分配表

我的智能探索

请同学们自由分组，每个小组尝试建立一个简易身份识别系统，以用户名和密码作为身份验证方法，并且给出不同角色对应的权限提醒。

一、用自然语言描述身份验证与访问控制的流程

如果用户名不正确，提示_____，否则（用户名正确）_____；如果密码不正确，提示_____，否则（密码正确）_____；如果是学生，提示权限_____；如果是家长，提示权限_____；如果是_____，提示权限_____；如果是_____，提示权限_____。

二、用流程图描述身份验证与访问控制的流程

身份验证与访问控制流程图如图3.4所示。

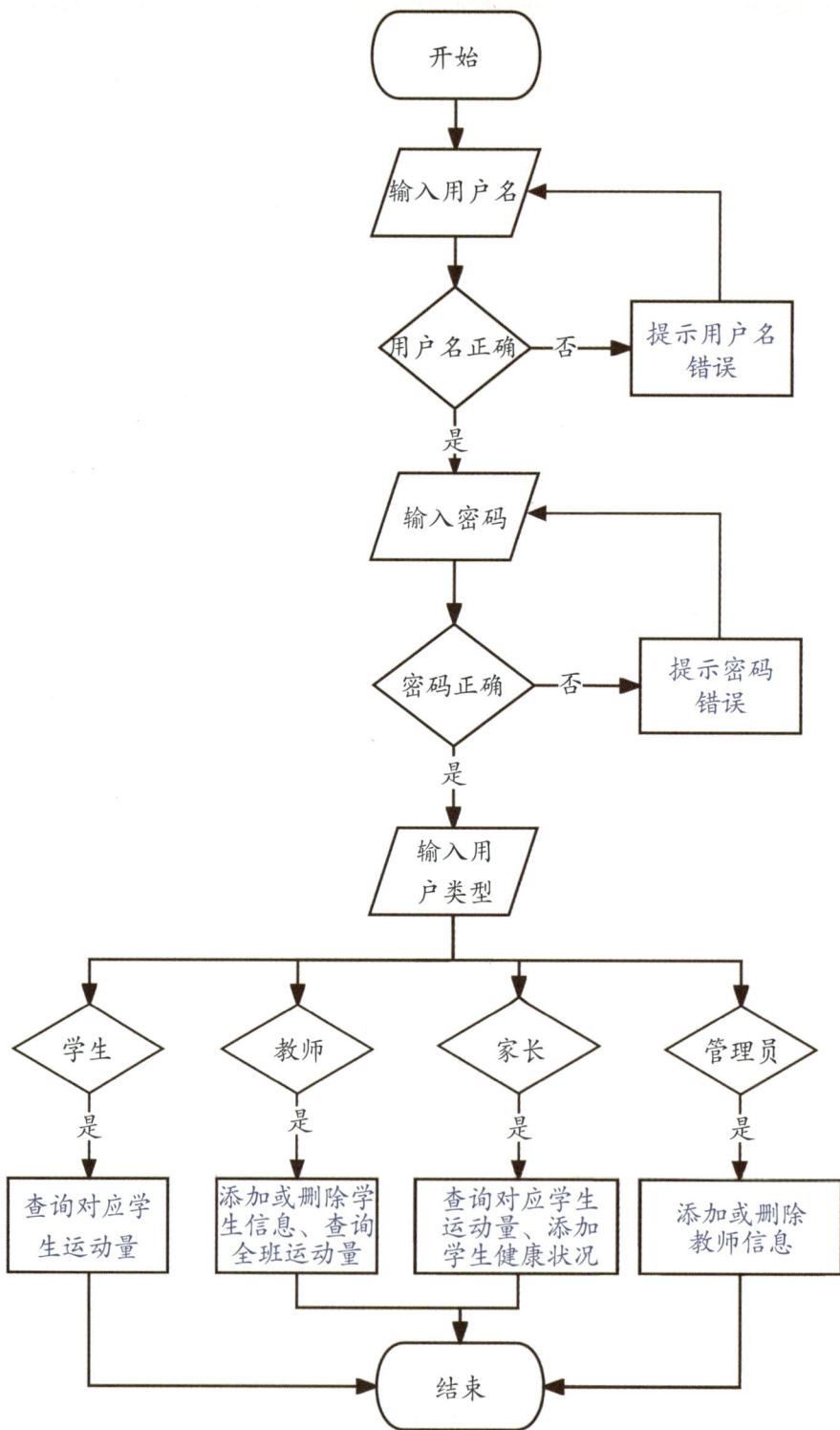

图3.4　身份验证与访问控制流程图

三、根据身份验证与访问控制流程图，用程序实现用户名与密码验证及访问控制

实现用户名与密码验证及访问控制的程序如图3.5所示。

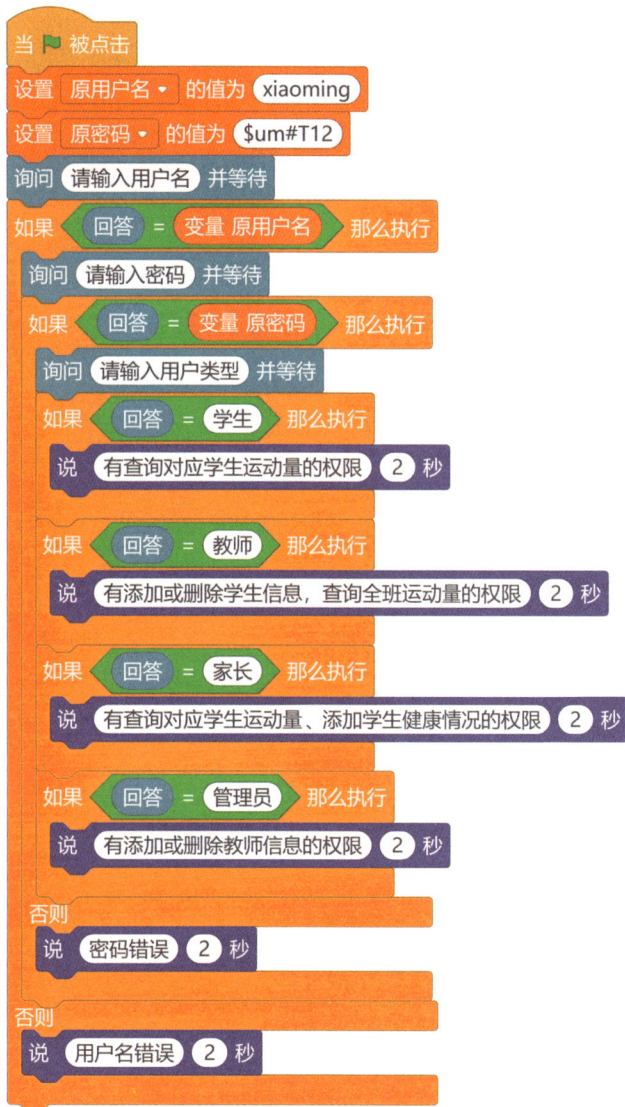

图3.5 实现用户名与密码验证及访问控制的程序

我的智能成果

请同学们将自己的收获以文字或图片的形式记录在表3.1中。

表3.1　我的收获

研究问题	我的收获
身份验证与访问控制	

请同学们将本节课的学习活动表现评价记录在表3.2中。

表3.2　我的学习活动表现评价

评价内容	自我评价	组长评价
表述身份验证	☆ ☆ ☆ ☆ ☆	☆ ☆ ☆ ☆ ☆
表述访问控制	☆ ☆ ☆ ☆ ☆	☆ ☆ ☆ ☆ ☆
文字描述填写	☆ ☆ ☆ ☆ ☆	☆ ☆ ☆ ☆ ☆
流程图填写	☆ ☆ ☆ ☆ ☆	☆ ☆ ☆ ☆ ☆
程序实现	☆ ☆ ☆ ☆ ☆	☆ ☆ ☆ ☆ ☆

我的智能视野

除采用密码验证外，还可以采用其他方式进行身份验证，如发送短信验证码、指纹识别、人脸识别等。

有兴趣的同学还可以尝试使用Python语言编写身份验证程序，可以参考图3.6所示的Python版本的身份验证程序。

```
1  import easygui as e
2  USER_NAME="xiaoming"
3  USER_PASSWORD="$um#T12"
4  login_user = e.enterbox(title='用户名输入框', msg='请输入用户名:')
5  if USER_NAME==login_user:
6      login_pwd = e.passwordbox(title='密码输入框', msg='请输入密码:')
7      if USER_PASSWORD == login_pwd:
8          user = e.enterbox(title='输入用户类型', msg='请输入用户类型:')
9          if user=='学生':
10             e.msgbox(title='权限', msg='查询对应学生运动量')
11         if user == '教师':
12             e.msgbox(title='权限', msg='添加或删除学生信息, 查询全班运动量')
13         if user == '家长':
14             e.msgbox(title='权限', msg='查询对应学生运动量、添加学生健康状况')
15         if user == '管理员':
16             e.msgbox(title='权限', msg='添加或删除老师信息')
17     else:
18         e.msgbox(title='提示', msg='密码错误')
19 else:
20     e.msgbox(title='提示', msg='用户名错误')
```

图3.6　Python版本的身份验证程序

第2课 秘密盾牌——数据加密与隐私防护

我的智能生活

目前，我们的身份信息和敏感数据已成为数字时代的一部分。指纹识别、人脸识别等为我们生活带来便捷的同时，也将我们置于隐私泄露的风险之中。面对各种安全风险，加密技术是最常用的防护措施。

我的智能活动计划

为探究数据加密与隐私防护的方法，同学们可以参考图3.7所示的智能活动计划来开展本节课的学习。

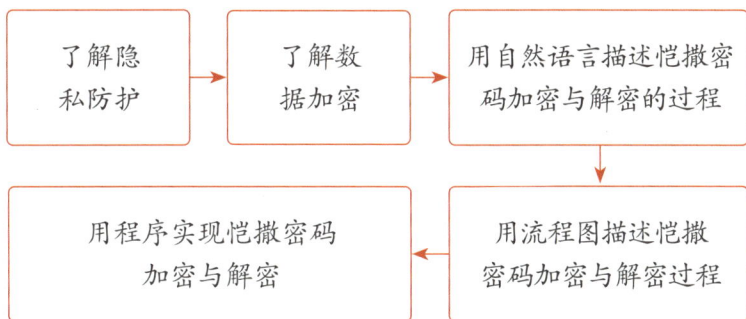

图3.7 智能活动计划

我的智能学习

一、了解隐私防护

隐私防护是指通过一系列措施来保护个人信息免受未经授权的访问、披露和使用等。隐私防护的一些关键内容如图3.8所示。

中华人民共和国民法典

(2020年5月28日第十三届全国人民代表大会第三次会议通过)

第四编　人格权

第六章　隐私权和个人信息保护

第一千零三十二条　自然人享有隐私权。任何组织或者个人不得以刺探、侵扰、泄露、公开等方式侵害他人的隐私权。

隐私是自然人的私人生活安宁和不愿为他人知晓的私密空间、私密活动、私密信息。

第一千零三十三条　除法律另有规定或者权利人明确同意外，任何组织或者个人不得实施下列行为：

（一）以电话、短信、即时通讯工具、电子邮件、传单等方式侵扰他人的私人生活安宁；

（二）进入、拍摄、窥视他人的住宅、宾馆房间等私密空间；

（三）拍摄、窥视、窃听、公开他人的私密活动；

（四）拍摄、窥视他人身体的私密部位；

（五）处理他人的私密信息；

（六）以其他方式侵害他人的隐私权。

技术层面的保护：在数据收集、处理、存储和传输的各个环节中，都需要采取相应的技术措施来确保数据的安全性和进行隐私保护。这包括但不限于数据加密、访问控制、数据最小化等策略，以防止数据泄露、篡改或丢失

管理层面的保护：企业和个人应当建立完善的隐私保护管理体系，包括定期进行个人信息保护影响评估、制定隐私保护政策、培训员工强调隐私保护的重要性及建立应急响应机制等

个人自我保护：个人用户也应提高隐私保护意识，如谨慎分享个人信息、使用复杂密码和多因素认证、定期检查隐私设置等

图3.8　隐私防护的一些关键内容

二、了解数据加密

数据加密是指使用加密算法将明文转换为密文的过程，解密则是指将密文还原为明文的过程。了解图3.9所示的数据加密技术。

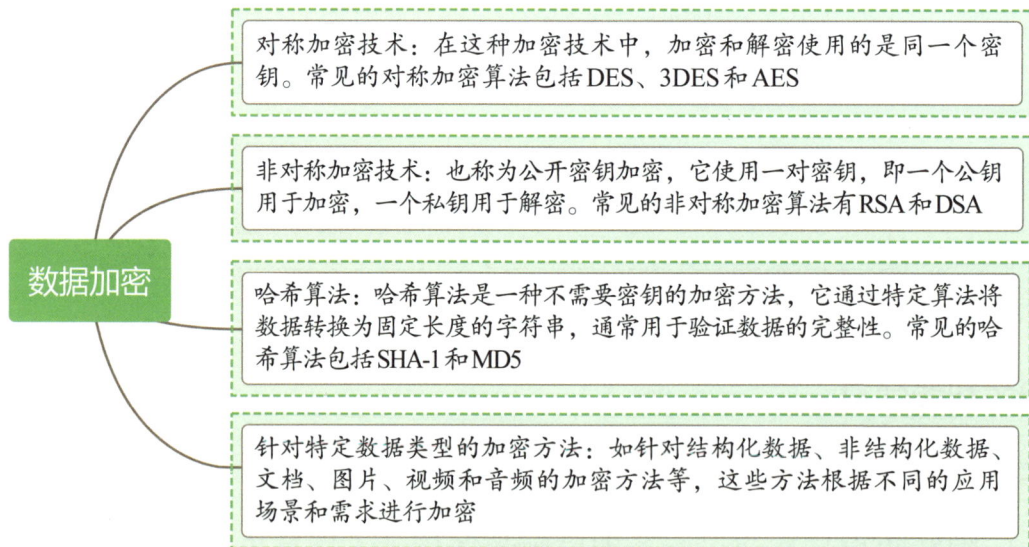

数据加密

对称加密技术：在这种加密技术中，加密和解密使用的是同一个密钥。常见的对称加密算法包括DES、3DES和AES

非对称加密技术：也称为公开密钥加密，它使用一对密钥，即一个公钥用于加密，一个私钥用于解密。常见的非对称加密算法有RSA和DSA

哈希算法：哈希算法是一种不需要密钥的加密方法，它通过特定算法将数据转换为固定长度的字符串，通常用于验证数据的完整性。常见的哈希算法包括SHA-1和MD5

针对特定数据类型的加密方法：如针对结构化数据、非结构化数据、文档、图片、视频和音频的加密方法等，这些方法根据不同的应用场景和需求进行加密

图3.9　数据加密技术

恺撒密码是一种简单的替换加密技术。图3.10所示的是恺撒密码加密与解密的基本方法。

如果密钥是3的情况。

①加密：明文中每个字母按字母表后移3个位置对应的字母就是密文中的字母，超出字母表最后位置则回到开头。

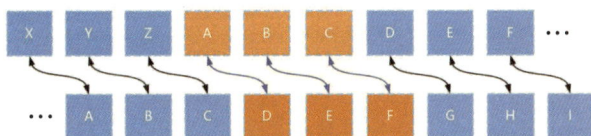

②解密：密文中每个字母按字母表前移3个位置对应的字母就是明文中的字母。超出字母表最前位置则回到结尾。

图3.10　恺撒密码加密与解密的基本方法

我的智能探索

请同学们自由分组，进行下列探索活动。

一、用自然语言描述恺撒密码加密与解密的过程

1.恺撒密码加密过程

设置移动位数（密钥）为k，假设k为3。加密时，明文的每个字母用 _____ 代替，如果到达了字母表的末尾，_____，其他非大小写字母字符（如数字、空格等）保持不变。表3.3是一个恺撒密码加密示例。

表3.3　恺撒密码加密示例

明文	Meet me at 8pm tomorrow at the park gate.
密文	Phhw ph dw 8sp wrpruurz dw wkh sdun jdwh.

2.恺撒密码解密过程

解密时，密文的每个字母用 _____ 代替，或者再向后移动26-k位，相当于回到原来位置。

二、用流程图描述恺撒密码加密与解密过程

恺撒密码加密流程图如图3.11所示。

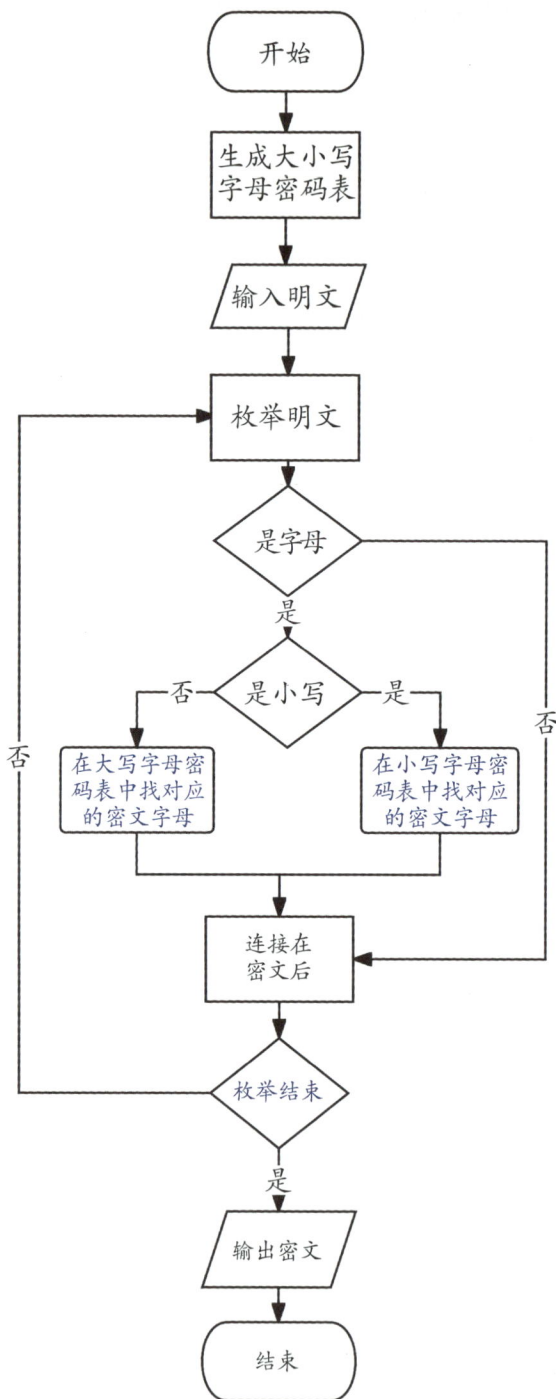

图3.11 恺撒密码加密流程图

请同学们尝试画出恺撒密码解密流程图。

三、用程序实现恺撒密码加密与解密

实现恺撒密码加密与解密的程序如图3.12所示。

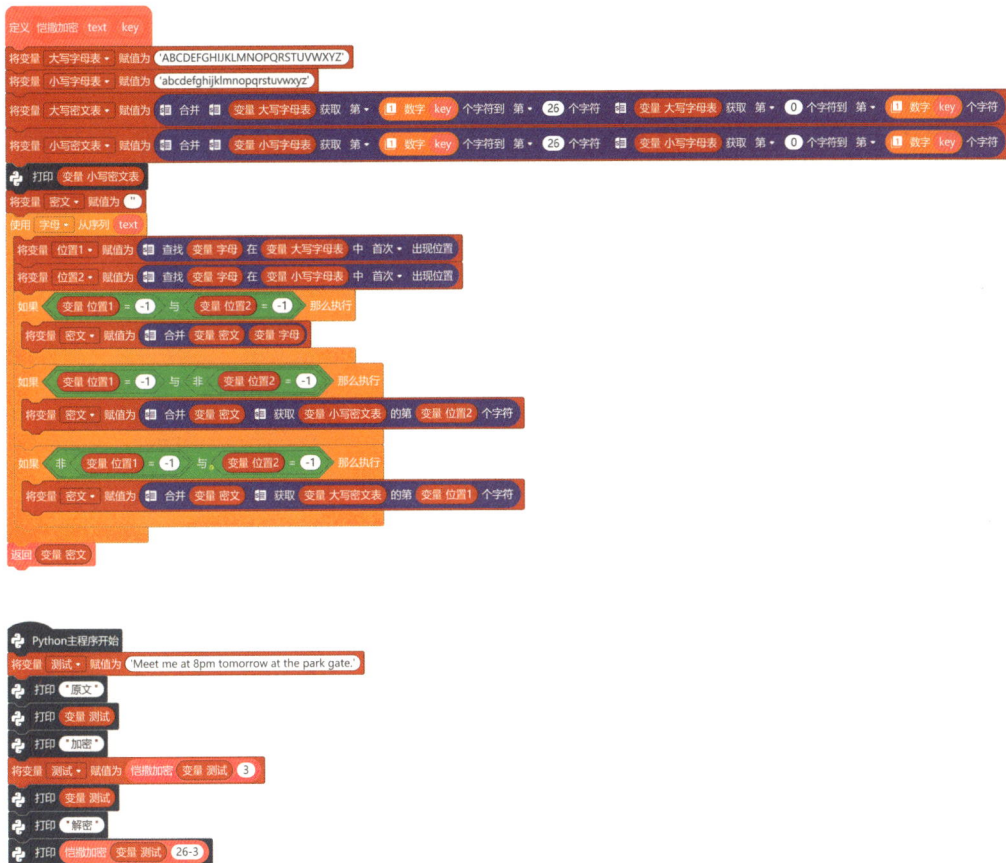

图 3.12　实现恺撒密码加密与解密的程序

我的智能成果

请各小组利用上述加密程序，加密下面信息，请同学们将加密结果作为自己的收获以文字或图片的形式记录在表3.4中。

表 3.4　我的收获

研究问题（加密信息）	我的收获（加密结果）
账号：xiaohui 密码：$umT12	

续表

研究问题（加密信息）	我的收获（加密结果）
物联网中传输的数据如下， Temperature：26摄氏度 Humidity：45%	

请同学们将本节课的学习活动表现评价记录在表3.5中。

表3.5　我的学习活动表现评价

评价内容	自我评价	组长评价
人们面临的隐私风险	☆ ☆ ☆ ☆ ☆	☆ ☆ ☆ ☆ ☆
常见隐私防护方式	☆ ☆ ☆ ☆ ☆	☆ ☆ ☆ ☆ ☆
能够绘制恺撒密码加密与解密流程图	☆ ☆ ☆ ☆ ☆	☆ ☆ ☆ ☆ ☆
用程序实现恺撒密码加密与解密过程	☆ ☆ ☆ ☆ ☆	☆ ☆ ☆ ☆ ☆

我的智能视野

物联网设备每天都收集和处理大量数据，这些数据包含了用户的个人信息和敏感数据。因此我们在数据传送过程中常常采用图3.13所示的安全措施来提升其安全性。

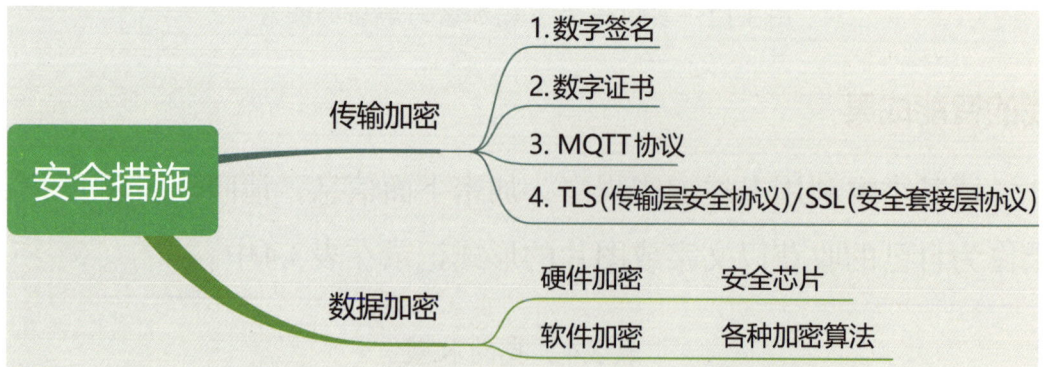

图3.13　数据传送过程中采用的安全措施

有兴趣的同学还可以尝试使用Python语言编写恺撒密码加密与解密程序，可以参考图3.14所示的程序。

```python
def caesar_encrypt(text, key):
    Up_Plain = 'ABCDEFGHIJKLMNOPQRSTUVWXYZ'   # 大写字母表
    Lo_Plain = 'abcdefghijklmnopqrstuvwxyz'   # 小写字母表
    Up_Cipher = Up_Plain[key:] + Up_Plain[0:key]   # 大写密文表
    Lo_Cipher = Lo_Plain[key:] + Lo_Plain[0:key]   # 小写密文表
    result = ''
    for char in text:
        index1 = Up_Plain.find(char)
        index2 = Lo_Plain.find(char)
        if (index1 == -1 and index2 == -1):   # 如果不是字母
            result += char
        if (index1 == -1 and index2 != -1):   # 小写
            result += Lo_Cipher[index2]
        if (index1 != -1 and index2 == -1):   # 大写
            result += Up_Cipher[index1]
    return result
plaintext = 'Meet me at 8pm tomorrow at the park gate.'
shift = 3
print('原文:', plaintext)
ciphertext = caesar_encrypt(plaintext, shift)
print('加密:', ciphertext)
plaintext = caesar_encrypt(ciphertext, 26 - shift)
print('解密:', plaintext)
```

图3.14 Python版本的恺撒密码加密与解密程序

第3课 物联基石——会选择物联网平台

我的智能生活

这是一个互联互通、智能控制的新时代。借助智能手机，我们能随时随地对家中的智能设备进行远程操控，实现对日常生活中家居设备的智能化管理。这些便利化操作都离不开物联网平台。

我的智能活动计划

本节课我们会学习如何选择物联网平台，同学们可以参考图3.15所示的智能活动计划来开展本节课的学习。

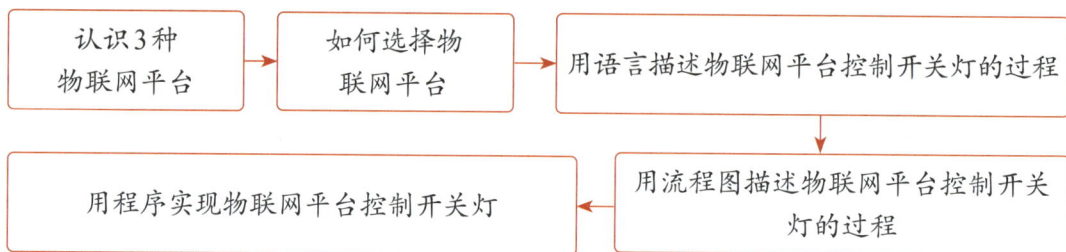

认识3种物联网平台 → 如何选择物联网平台 → 用语言描述物联网平台控制开关灯的过程 → 用流程图描述物联网平台控制开关灯的过程 → 用程序实现物联网平台控制开关灯

图3.15 智能活动计划

我的智能学习

一、认识3种物联网平台

物联网中枢——物联网平台不仅可以连接和管理物联网设备，还可以提供数据分析、安全性保障和应用开发解决方案。常用的物联网平台如图3.16所示。

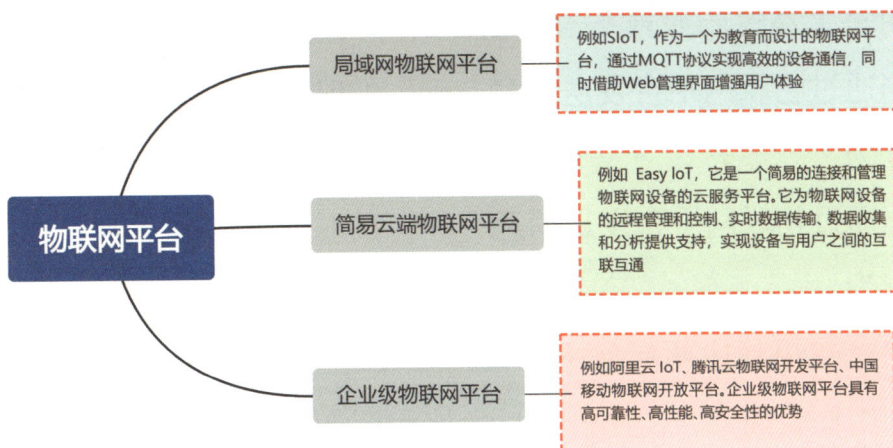

图3.16 常用的物联网平台

二、如何选择物联网平台

同学们可以围绕访问安全性、数据存储安全性、学生易用性、访问范围等方面，根据不同的场景选择合适的物联网平台，如表3.6所示。

表3.6 物联网平台选择表

项目	访问安全性	数据存储安全性	学生易用性	访问范围	示例
课堂教学中记录温湿度	☆	☆	☆☆☆☆☆	局域网物联网	SIoT
创客小组远程查看光线强弱	☆☆☆	☆☆☆	☆☆☆☆☆	云端物联网	Easy IoT
智慧校园项目	☆☆☆☆☆	☆☆☆☆☆	☆☆☆	云端物联网	阿里云IoT

我的智能探索

请同学们自由分组，分组体验利用局域网物联网平台与云端物联网平台控制开关灯，来加深对各类物联网平台的认识。

一、用语言描述物联网平台控制开关灯的过程

当通过物联网平台发送消息"on"的时候，灯造型为_____，背景亮度为_____。

当通过物联网平台发送消息"off"的时候，灯造型为_____，背景亮度为_____。

二、用流程图描述物联网平台控制开关灯的过程

利用物联网平台控制开关灯的流程图如图3.17所示。

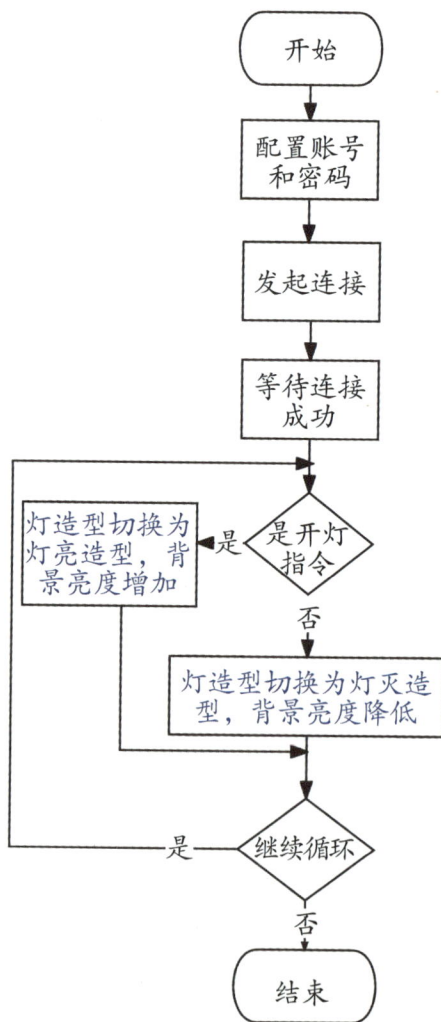

图3.17 利用物联网平台控制开关灯的流程图

三、用程序实现物联网平台控制开关灯

1. 使用SIoT实现开关灯控制

SIoT连接服务器的参数设置方法如图3.18所示。

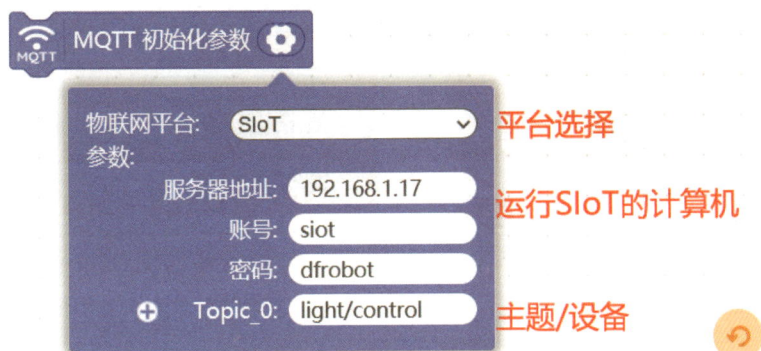

图3.18　SIoT连接服务器的参数设置方法

2. 使用Easy IoT实现开关灯控制

Easy IoT连接服务器的参数设置方法如图3.19所示。

图3.19　Easy IoT连接服务器的参数设置方法

3. 主控程序

实现物联网平台控制开关灯的主控程序如图3.20所示。

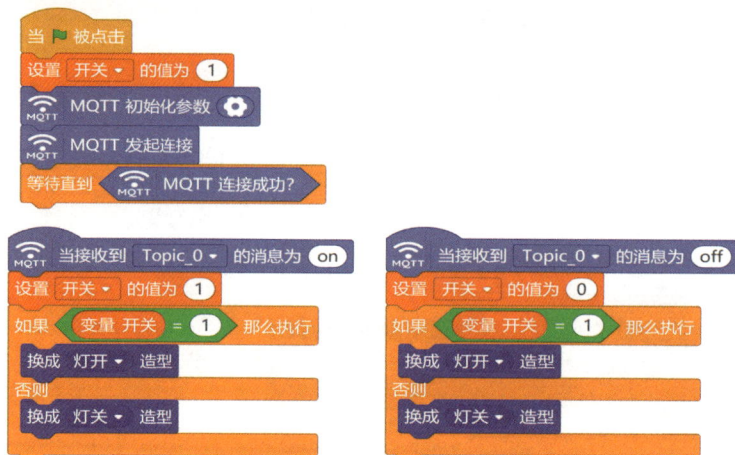

图 3.20　实现物联网平台控制开关灯的主控程序

4. 通过物联网平台发送控制消息

下面通过物联网平台发送消息"on"或者"off"来控制开关灯。图 3.21 所示的是通过 SIoT 发送控制消息。图 3.22 所示的是通过 Easy IoT 发送控制消息。

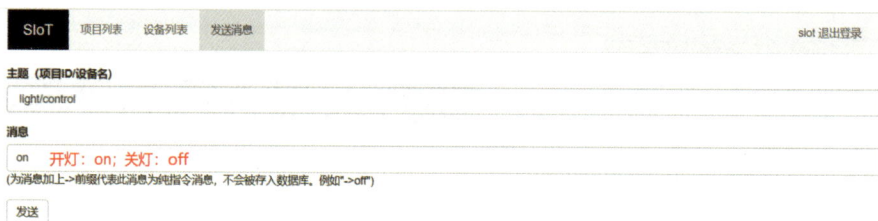

图 3.21　通过 SIoT 发送控制消息

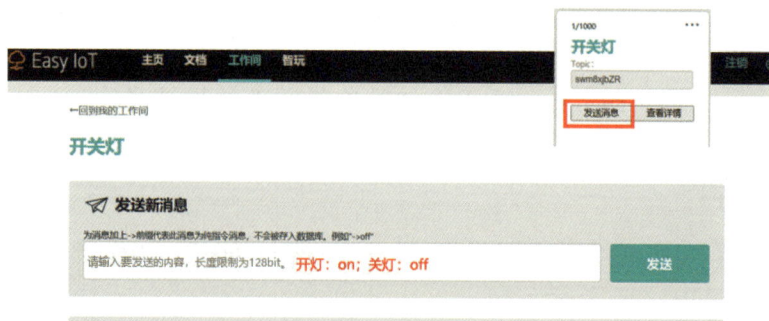

图 3.22　通过 Easy IoT 发送控制消息

我的智能成果

根据自己学习与探索的过程，请同学们将自己的收获以文字或图片的形式记录在表3.7中。

表3.7 我的收获

研究问题	我的收获
物联网平台的选择	

请同学们将本节课的学习活动表现评价记录在表3.8中。

表3.8 我的学习活动表现评价

评价内容	自我评价	组长评价
描述3种物联网平台的优缺点	☆☆☆☆☆	☆☆☆☆☆
给3种物联网平台的安全性排序	☆☆☆☆☆	☆☆☆☆☆
选择合适的物联网平台	☆☆☆☆☆	☆☆☆☆☆
通过不同物联网平台远程控制开关灯	☆☆☆☆☆	☆☆☆☆☆

我的智能视野

面向未来的物联网平台的优势在于整合了人工智能技术，形成AIoT（AI+IoT），以实现更高级别的智能应用和服务。AIoT平台能够分析和学习海量数据，优化设备性能，预测维护需求，并使决策过程自动化。

第4课　美好物联——我为安全献计策

我的智能生活

应用多种传感器，可以为人们提供智能场景服务、智能路线规划、智能健康监控、智能学习状态监测和智能运动数据分析等全方位的服务。同时，隐私安全、数据安全防护也是重要议题。

我的智能活动计划

本节课我们会讨论智能家校物联网系统的安全问题，同学们可以参考图3.23所示的智能活动计划来开展本节课的学习。

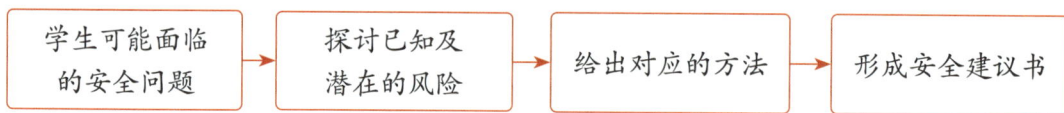

学生可能面临的安全问题 → 探讨已知及潜在的风险 → 给出对应的方法 → 形成安全建议书

图3.23　智能活动计划

我的智能学习

一、个人隐私数据保护

智能家校物联网系统涉及大量的个人数据，因此需要确保这些数据的安全存储和传输，避免泄露给未经授权的第三方。

二、用户身份验证与访问控制

我们在设计物联网系统的时候，要设定身份验证，合理分配权限，以尽可能减少物联网系统面临的风险。

三、数据安全

数据在收集、存储、传送的过程中都面临着被截取或被篡改的风险。除此之外，还面临着合法性的问题。

四、物联网平台的安全与稳定

长期大量的数据记录与访问，这就需要一个稳定、大容量的物联网平台来保证系统的安全性和稳定性。

我的智能探索

对于可能存在的问题，给出你的安全建议书。如果你有更多的安全措施，请补充在后面。

一、个人隐私数据保护

1. 讨论涉及哪些隐私数据

如位置信息、_____。

2. 准备采取的安全措施

_____。

二、用户身份验证与访问控制

1. 讨论是否需要进行用户身份验证，有哪些验证方法

如密码验证、_____。

2. 准备采取的安全措施

_____。

3. 访问控制的角色设定与权限分配讨论

不同身份的用户权限不同，同时让每个用户可访问的数据范围尽可能小，以降低泄露风险。你认为可以设定哪些角色？

学生、家长、_____。

4. 准备采取的安全措施

_____

_____。

三、数据安全

1.讨论面临的问题

数据被篡改、被盗取、＿＿＿＿＿＿＿＿＿＿＿＿＿＿＿＿＿＿＿＿＿＿。

2.准备采取的措施

＿＿＿＿＿＿＿＿＿＿＿＿＿＿＿＿＿＿＿＿＿＿＿＿＿＿＿＿＿＿＿＿。

四、物联网平台的选择

1.选择物联网平台应考虑的问题

访问方式、数据容量大小、自动备份、＿＿＿＿＿＿＿＿＿＿＿＿＿。

2.准备采取的措施

＿＿＿＿＿＿＿＿＿＿＿＿＿＿＿＿＿＿＿＿＿＿＿＿＿＿＿＿＿＿＿＿。

五、其他安全问题及应对策略

＿＿＿＿＿＿＿＿＿＿＿＿＿＿＿＿＿＿＿＿＿＿＿＿＿＿＿＿＿＿＿＿。

我的智能成果

本节课，同学们从整体来考虑智能家校物联网系统的安全问题，给出了自己的安全思考和安全防护建议，请同学们将自己的收获以文字或图片的形式记录在表3.9中。

表3.9　我的收获

研究问题	我的收获
智能家校物联网系统的安全问题	
智能家校物联网系统安全防护建议	

请同学们将本节课的学习活动表现评价记录在表3.10中。

表3.10　我的学习活动表现评价

评价内容	自我评价	组长评价
描述智能家校物联网系统的安全问题	☆ ☆ ☆ ☆ ☆	☆ ☆ ☆ ☆ ☆
能够根据安全问题提出应对措施	☆ ☆ ☆ ☆ ☆	☆ ☆ ☆ ☆ ☆
主动思考新的安全风险点	☆ ☆ ☆ ☆ ☆	☆ ☆ ☆ ☆ ☆

我的智能视野

除了上述安全问题，同学们还要注意，要定期更新设备、加强物理保护、进行多重身份验证，防范虚假信息，采用多重手段确保网络安全等。

个人、企业、学校等要提高物联网安全意识，不断完善和强化安全措施，尽可能减少系统漏洞。

单元总结

我做了什么

本单元，我们学习了用程序实现身份验证与访问控制、恺撒密码的加密与解密，并尝试了用局域网物联网平台与云端物联网平台分别控制灯的开关，最后给出物联网系统建设的安全建议。

我学会了什么

本单元，我们学会了加强物联网系统安全的基本方法，包括身份验证与访问控制、数据加密与隐私防护、选择合适的物联网平台。

我的收获是什么

在本单元中，我们学会了加强物联网系统安全的基本方法，后期在设计各类物联网系统的时候，可以使用我们在本单元所学的知识，让物联网系统更加安全、稳定。

当然，还有很多其他的安全措施，如设备数据备份、双重身份验证、通信安全等，期待同学们进行更深入的探索。

第4单元
智能气象站——物联网系统探索

单元情景

在现代社会中，气象预警信息具有重要作用。某希望小学位于城市远郊，远离气象站，本市的天气预报无法准确反映该希望小学所在地的天气状况，气象预警信息覆盖存在盲区。

现在该希望小学准备建设一个基于物联网的校园智能气象站，实时采集、处理学校内的气象数据。你能帮助学校设计和制作一个可实时采集学校内的气象数据，并进行数据分析、处理和能够实现智能控制的校园智能物联网气象站吗？

单元主题

1. 设计校园智能物联网气象站。

2. 使用数字传感器采集数据，在物联网平台上发布数据和查阅数据。

3. 根据数据进行智能控制。

4. 掌握数据分析与处理的方法并了解安全防护的知识。

我的智能学习目标

1. 通过校园智能物联网气象站的典型实例，复习物联网知识、传感器知识、数据分析与处理知识，培养和提高信息意识。

2. 掌握用计算机解决问题的基本步骤与方法，并能通过编程解决实际问题，培养和提升计算思维能力。

3.通过设计和制作校园智能物联网气象站，在合作解决问题的过程中根据需求获取相关知识、共享信息、进行探究、展示分享作品等，培养和提升数字化学习能力和创新能力。

4.通过学习物联网数据传输的知识，了解数据保护的重要性，践行信息社会道德。

我的智能学习工具

硬件准备：接入互联网的计算机、开源硬件。

软件准备：Mind+、Python编程软件。

第1课　智能和物联——设计气象站

我的智能生活

与传统气象站相比，现代气象站采用传感器、物联网、大数据等技术，实现数据的实时采集、汇总和处理，大大提高了天气预报的准确性和时效性。那如何设计一个现代气象站呢？这节课我们就来解决这个问题。

我的智能活动计划

同学们可以参考图4.1所示的智能活动计划来开展本节课的学习。

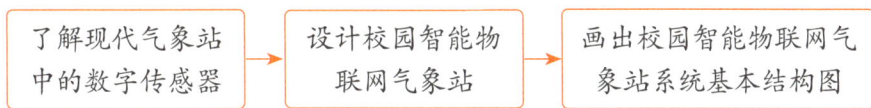

了解现代气象站中的数字传感器 → 设计校园智能物联网气象站 → 画出校园智能物联网气象站系统基本结构图

图4.1　智能活动计划

我的智能学习

现代气象站采用多种自动化和智能化设备，这些设备包含了多种传感器。传感器可测量并采集温度、湿度、气压、风速、风向等数据。

一、了解现代气象站中的数字传感器

气温是重要的气象数据之一，同学们在科学课上已经学习了用气温计来测量温度。气温计在测量温度时需要人工读数，其精确度较低，气温计如图4.2所示。现代气象站使用温度传感器来测量温度。温度传感器不需要人工读数，精确度较高，如图4.3所示。

图4.2　气温计　　　　　　图4.3　温度传感器

现代气象站中常见的数字传感器如表4.1所示。

表4.1　现代气象站中常见的数字传感器

数据类别	数字传感器类别	图例	功能和作用
温度、湿度	温湿度传感器		检测外界的温度和空气湿度并将其转换为数字信号
气压	气压传感器		测量外界的大气压并将其转换为数字信号
风速、风向	风速、风向传感器		测量周边环境风的速度和风的方向并将其转换为数字信号

二、设计校园智能物联网气象站

　　为深入了解物联网数据采集和存储原理，需采用两块主控板：一块主控板连接传感器以采集数据，并控制执行器进行反馈控制，如可以自动开关窗的舵机；另一块主控板作为服务器，负责存储数据。计算机作为终端设备访问服务器查看数据。整个系统通过同一个无线网络连接起来。

我的智能探索

一、将校园智能物联网气象站的关键设计步骤填在下面的空格中

请同学们分组完成。

第 ____ 步：_____。

第 ____ 步：_____。

第 ____ 步：_____。

二、请根据所学知识，把图4.4补充完整

请同学们分组完成。

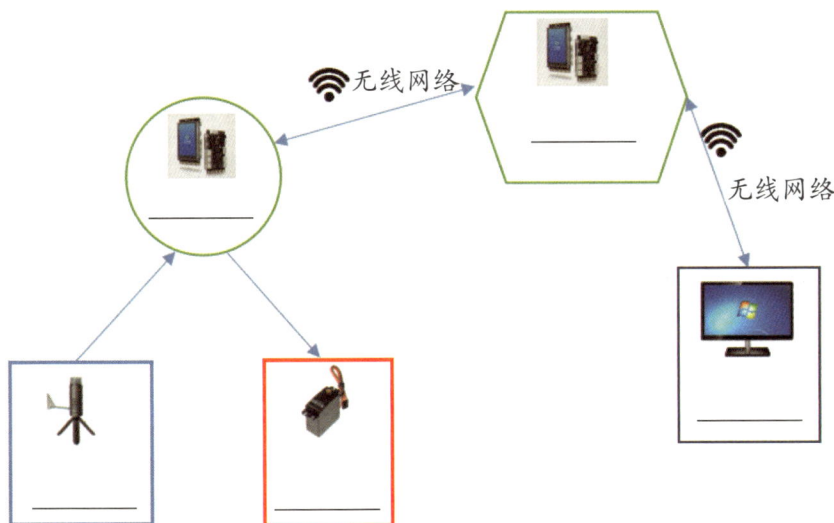

无线网络

无线网络

____

____

____

____

____

图4.4　校园智能物联网气象站系统基本结构示意

我的智能成果

请同学们将自己的收获以文字或图片的形式记录在表4.2中。

表4.2　我的收获

研究问题	我的收获
设计校园智能物联网气象站	

请同学们将本节课的学习活动表现评价记录在表4.3中。

表4.3　我的学习活动表现评价

评价内容	自我评价	组长评价
能正确说出采集常见气象数据的传感器名称、作用和功能	☆ ☆ ☆ ☆ ☆	☆ ☆ ☆ ☆ ☆
正确画出校园智能物联网气象站基本结构图	☆ ☆ ☆ ☆ ☆	☆ ☆ ☆ ☆ ☆
正确写出设计校园智能物联网气象站的关键步骤	☆ ☆ ☆ ☆ ☆	☆ ☆ ☆ ☆ ☆

我的智能视野

如图4.5所示，未来气象站将呈现以下显著特征：首先，它将集成多种高精度传感器，并与卫星、飞机、地面雷达、气象观测船等多种数据源进行深度融合，从而实现全方位、立体化的气象要素监测；其次，借助人工智能技术，未来气象站能通过高清摄像头自动识别各类复杂天气现象，进而提升观测的精度与扩大观测范围；最后，根据环境条件（涵盖季节、昼夜、地形、植被情况等）及观测目标的动态变化，未来气象站能够自动调整传感器参数，以达到最佳的观测效果。

此外，未来气象站还运用机器学习算法，综合历史数据、实时观测数据及气象大模型输出信息等，自主决策何时执行特定的观测任务，并协调邻近气象站进行协同观测，从而提升数据的质量和时空分辨率。值得一提的是，这些气象站还具备自我诊断、故障预警、远程修复及自动校准等智能化功能，必要时，它们能请求无人机或机器人进行现场维护，确保在无人值守的情况下也能实现长期稳定运行。

图4.5　未来气象站示意图

第2课　数据和传输——制作气象站

我的智能生活

我们将化身小小工程师，深入了解硬件，根据制作步骤和系统结构，让校园智能物联网气象站运行起来！

我的智能活动计划

同学们可以参考图4.6所示的智能活动计划来开展本节课的学习。

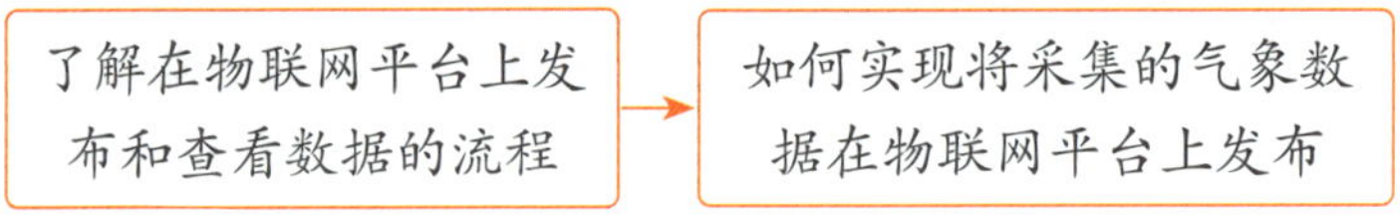

了解在物联网平台上发布和查看数据的流程 → 如何实现将采集的气象数据在物联网平台上发布

图4.6　智能活动计划

我的智能学习

一、了解在物联网平台上发布和查看数据的流程

使用MQTT协议发布和查看数据的流程如图4.7所示。

主控板作为服务器。

采集数据 ── MQTT协议 传输数据到服务器的某个数据主题上 → 服务器（中介） ── MQTT协议 订阅服务器上同一个数据主题 → 查看数据

图4.7　使用MQTT协议发布和查看数据的流程

二、如何实现将采集的气象数据在物联网平台上发布

1. 选择物联网平台

本单元采用的物联网平台是主控板自带的SIoT。

2. 建立主题

登录SIoT后，依次创建"siot/温度数据"等各个数据主题。

3. 初始化MQTT

在作为服务器的主控板上，使用指令"MQTT初始化"，并配置服务器的IP地址、端口（Port）、用户名和密码，开启服务器端MQTT服务，如图4.8所示。

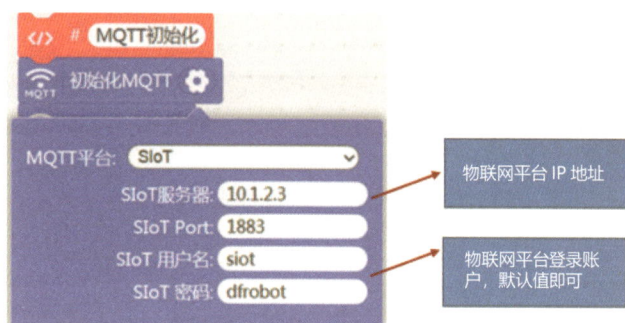

图4.8　初始化MQTT

4. 建立MQTT连接

服务器端MQTT初始化设置完成后，在连接传感器的主控板上运行指令"MQTT发起连接""MQTT保持连接，永久"，如图4.9所示，使两块主控板保持MQTT永久连接。

图4.9　建立MQTT连接

5. 订阅数据主题

在连接传感器的主控板上，运行指令"MQTT订阅"，订阅步骤2中设置的数据主题，如图4.10所示。

图4.10　订阅数据主题

6. 采集气象数据

以采集温度数据为例，执行程序不间断采集温度数据。采集温度数据的程序如图4.11所示。

图4.11　采集温度数据

7. 发送并存储数据

采集到温度数据后，将数据发布到服务器端的数据主题"siot/温度数据"上，实现数据的发送和存储，如图4.12所示。

图4.12　发送数据到物联网平台上

如果需要发送和存储其他气象数据，只需要在服务器端建立相应数据主题，主控板连接具有相应功能的传感器，执行步骤2～步骤7中的操作即可。

我的智能探索

一、请填写下面的空

① 发布者的作用是＿＿＿＿＿＿。

②服务器（中介）的作用是＿＿＿＿＿＿。

③订阅者的作用是＿＿＿＿＿＿。

二、分组编写程序1

请同学们自由分组，各小组分别编写程序。

写出采集温度、湿度、气压、风力、风向等气象数据的程序（程序1），并试着运行该程序。

三、分组编写程序2

按照上面的分组，写出将采集的数据发布到物联网平台上的程序（程序2），并试着运行该程序。

我的智能成果

请同学们将自己的收获以文字或图片的形式记录在表4.4中。

表4.4　我的收获

研究问题	我的收获
如何实现将采集的气象数据在物联网平台上发布	

请同学们将本节课的学习活动表现评价记录在表4.5中。

表4.5　我的学习活动表现评价

评价内容	自我评价	组长评价
能正确说出MQTT协议的主要内容	☆☆☆☆☆	☆☆☆☆☆
能编写代码实现采集数据，在物联网平台上发布数据	☆☆☆☆☆	☆☆☆☆☆

我的智能视野

集成气象仪

气象数据的多样性导致传统采集方式需要运用多种传感器，这一过程烦琐且不便。然而，随着科技的不断进步，集成气象仪诞生了。这一创新设备集成了多种传感器。集成气象仪不仅体积小，便于灵活部署，而且还极大地简化了使用流程。用户只需要通过I^{2}C/UART通信接口，即可实时获取各种气象数据，操作简便快捷。此外，集成气象仪还内置存储空间，能够自动将采集的数据以CSV格式保存下来，用户只需要通过USB Type-C接口即可轻松导出数据，以进行数据的深入分析。这一设备不仅提升了数据采集的效率，还为后续的数据处理和分析提供了极大的便利。

第3课　智能控制——让气象站智能起来

我的智能生活

放学后如果忘记关窗，晚上突然刮风下雨，教室的窗户被风吹坏，雨水飘进教室并形成积水，影响同学们第二天的学习。那么针对这种恶劣天气，我们的校园智能物联网气象站能否自动采取行动呢？在这节课中，我们将一起探究和实践，让气象站智能起来！

我的智能活动计划

同学们可以参考图4.13所示的智能活动计划来开展本节课的学习。

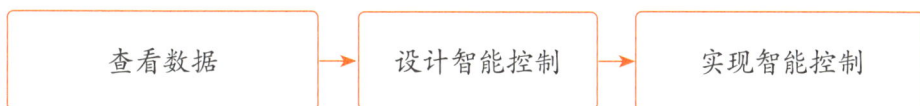

图4.13　智能活动计划

我的智能学习

一、查看数据

以查看物联网平台上的温度数据为例，代码如图4.14所示。如果要查看其他数据，只需改变MQTT主题为服务器上设置的其他主题即可。

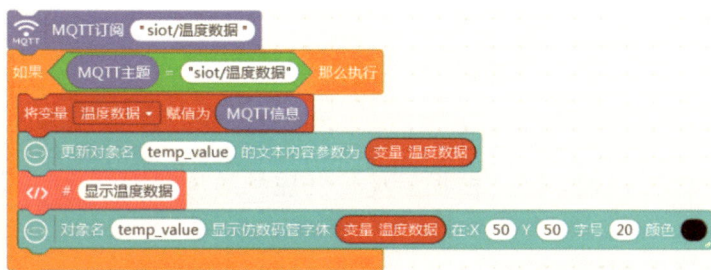

图 4.14　查看物联网平台上的温度数据

二、设计智能控制

增加气象站的智能控制功能，如表4.6所示。

表4.6 气象站的智能控制功能

功能名称	具体描述	实现功能的控制器
自动开窗通风的功能	如果检测到环境温度高于25摄氏度就自动开窗通风	舵机
大风关窗的功能	如果风速大于7米/秒则自动关窗	舵机

我的智能探索

一、如何实现"检测到环境温度高于25摄氏度就自动开窗通风"的功能？

请同学们自由分组，各小组将图4.15所示的流程图填写完整。

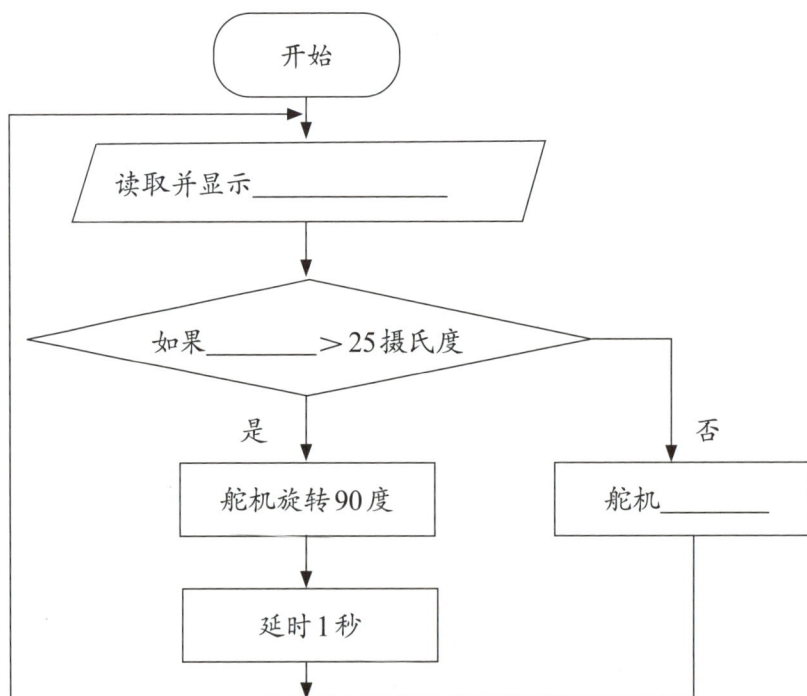

图4.15 根据温度控制舵机的流程图

二、试着写出代码并运行

三、增加其他智能控制功能

请同学们思考：我们的系统还可以增加哪些智能控制功能？请同学们分组完善表4.7。

表4.7 气象站的其他智能控制功能

功能名称	具体描述	实现功能的控制器

我的智能成果

请同学们将自己的收获以文字或图片的形式记录在表4.8中。

表4.8 我的收获

研究问题	我的收获
如何在物联网平台上查看数据，并根据数据实现智能控制功能	

请同学们将本节课的学习活动表现评价记录在表4.9中。

表4.9 我的学习活动表现评价

评价内容	自我评价	组长评价
理解并能正确说出如何在物联网平台上查看数据	☆☆☆☆☆	☆☆☆☆☆
能编写程序实现在物联网平台上查看数据，并能根据数据实现功能控制	☆☆☆☆☆	☆☆☆☆☆

续表

评价内容	自我评价	组长评价
能正确画出流程图，并能为气象站设计智能控制功能	☆ ☆ ☆ ☆ ☆	☆ ☆ ☆ ☆ ☆

我的智能视野

气象站采集温度数据并将其发布到物联网平台上的流程图和用Python编程软件编写的相应代码如图4.16所示。

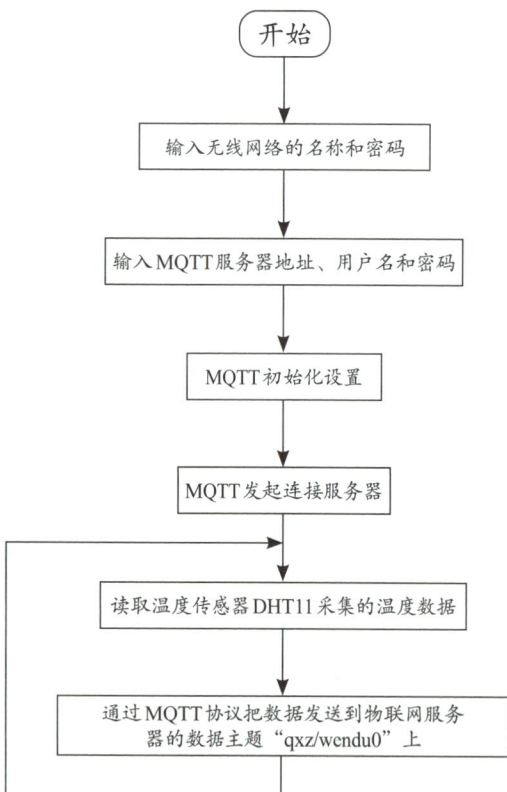

```
from umqtt.simple import MQTTClient
from mpython import *          # 修正拼写错误：inport -> import
from dht import DHT11

d = DHT11(Pin(Pin.P0))         # 控制板的 P0 引脚连接温度传感器 DHT11
mywifi = wifi()
# 连接 WiFi，替换为你的 Wi-Fi 名称和密码
mywifi.connectWiFi("****", "********")   # 修正拼写错误：connecWiFi -> connectWiFi

# MQTT 服务器配置
SERVER = "192.168.1.100"       # MQTT 服务器地址
username = 'siot'   # 用户名
password = 'dfrobot'   # 密码
CLIENT_ID = ""   # Client ID 可为空

try:
    # MQTT 初始化
    c = MQTTClient(CLIENT_ID, SERVER, 1883, username, password)   # 修正拼写错误：MQTTCLient -> MQTTClient
    c.connect()   # 连接 MQTT 服务器

    while True:
        d.measure()   # 读取 DHT11 的数据
        temp = str(d.temperature())   # 将温度数据赋给变量 temp
        c.publish('qxz/wendu0', temp)   # 把读到的温度数据发布到服务器上主题'qxz/wendu0'
        time.sleep(5)   # 添加延时，避免频繁发送数据

finally:
    c.disconnect()   # 异常时，断开 MQTT 连接
```

（a）气象站采集温度数据并将其发布到物联网平台上的流程图　　（b）用Python编程软件编写的相应代码

图4.16　气象站采集温度数据并将其发布到物联网平台上的流程图和用Python编程软件编写的相应代码

第4课　数据和安全——数据分析和安全防护

我的智能生活

如果想要准确直观地看到一段时间内的气温变化情况，预测未来气温变化趋势，我们要对数据进行分析、处理。此外，我们还要学会如何保护数据，做到不泄露、不被篡改。今天这节课就来解决这些问题。

我的智能活动计划

同学们可以参考图4.17所示的智能活动计划来开展本节课的学习。

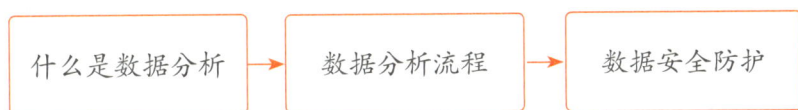

什么是数据分析　→　数据分析流程　→　数据安全防护

图4.17　智能活动计划

我的智能学习

一、什么是数据分析

简单来说，数据分析就是通过观察和处理数据，发现数据规律、进行预测的过程。对温度数据进行分析的主要步骤与内容如表4.10所示。

表4.10　对温度数据进行分析的主要步骤与内容

主要步骤	内容
准备数据分析工具	常见的有电子表格、生成式人工智能大模型、计算机编程软件（如Python）等
以合适的形式呈现数据分析结果	表格、柱状图、饼图、折线图等
根据数据分析结果得出合理结论	示例：从折线图可以看出本周的气温是逐步升高的，天气将越来越暖和，同学们可以适当增加室外活动，但早晚温差较大，大家应注意增减衣服

二、数据分析流程

数据分析流程如图4.18所示。

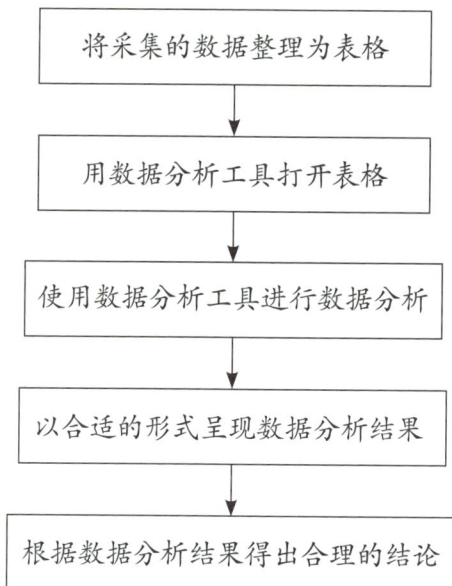

```
┌─────────────────────┐
│  将采集的数据整理为表格  │
└─────────────────────┘
          │
          ▼
┌─────────────────────┐
│  用数据分析工具打开表格  │
└─────────────────────┘
          │
          ▼
┌──────────────────────────┐
│  使用数据分析工具进行数据分析  │
└──────────────────────────┘
          │
          ▼
┌─────────────────────────┐
│  以合适的形式呈现数据分析结果  │
└─────────────────────────┘
          │
          ▼
┌──────────────────────────┐
│  根据数据分析结果得出合理的结论  │
└──────────────────────────┘
```

图4.18　数据分析流程

三、数据安全防护

1. 培养数据保护的意识，如离开后锁定系统、密码不能太简单、不用U盘等设备复制数据。

2. 访问控制。确保只有授权用户才能进入系统，才能访问数据。

3. 数据加密。通过对数据进行加密，防止信息被截取。

4. 定期杀毒。定期扫描系统以识别和清除恶意软件和病毒。

我的智能探索

一、用电子表格软件分析校园一周气象数据

请同学们自由分组，各小组使用电子表格软件分析校园一周气象数据并完成表4.11的填写。

1. 将收集的校园一周气象数据输入电子表格。

2. 按照自己的需求，用饼状图、折线图或柱状图等呈现数据分析结果。

3. 观察和思考数据分析结果，得出天气结论。

表4.11 用电子表格软件进行校园一周气象数据分析

我分析的校园一周气象数据	
呈现的分析结果截图	
得出的合理结论	

二、用生成式人工智能大模型分析校园一周气象数据

请各小组填写表4.12。

1. 将采集的校园一周气象数据整理成表格。

2. 将表格的截图上传到生成式人工智能大模型中，并输入要求"根据上面的校园一周气象数据，对近期天气进行分析并进行后期天气的预测"。

表4.12　用生成式人工智能大模型进行校园一周气象数据分析

我的校园一周气象数据表格截图	
我在生成式人工智能大模型中输入的要求	
生成式人工智能大模型呈现的数据分析结果	

我的智能成果

请同学们将自己的收获以文字或图片的形式记录在表4.13中。

表4.13　我的收获

研究问题	我的收获
如何对校园气象数据进行分析，并根据数据分析结果得出合理的结论	

请同学们将本节课的学习活动表现评价记录在表4.14中。

表4.14　我的学习活动表现评价

评价内容	自我评价	组长评价
能正确说出数据分析、数据安全防护的具体内容	☆ ☆ ☆ ☆ ☆	☆ ☆ ☆ ☆ ☆
能用电子表格软件和生成式人工智能大模型对数据进行分析，并根据分析结果得出合理结论	☆ ☆ ☆ ☆ ☆	☆ ☆ ☆ ☆ ☆

我的智能视野

用Python编程软件编写的分析数据的关键代码如图4.19所示。

```python
import matplotlib.pyplot as plt
import csv
# 文件名
filename = '气象数据-1.csv'
# 设置中文字体
plt.rcParams['font.sans-serif'] = ['SimHei']
plt.rcParams['axes.unicode_minus'] = False  # 解决负号显示问题
# 读取 CSV 文件
with open(filename, encoding='utf-8') as f:  # 添加编码方式，避免中文乱码
    reader = csv.reader(f)
    header_row = next(reader)  # 读取表头
    dates, highs, lows = [], [], []  # 初始化日期、最高温度和最低温度列表
    # 遍历每一行数据
    for row in reader:
        date = row[0]  # 日期
        high = float(row[1])  # 最高温度
        low = float(row[2])  # 最低温度
        dates.append(date)
        highs.append(high)
        lows.append(low)
# 绘制图表
plt.figure(figsize=(10, 6))  # 设置图表大小
plt.plot(dates, highs, label='日最高气温')  # 绘制最高气温曲线
plt.plot(dates, lows, label='日最低气温')  # 绘制最低气温曲线
# 设置标题和标签
plt.title("2023 年 6 月每日最高和最低气温图", fontsize=22)
plt.xlabel("日期(D)", fontsize=12)
plt.ylabel("温度($^\circ$C)", fontsize=14)
# 添加图例
plt.legend(loc='upper right')  # 修正图例位置
# 填充最高和最低温度之间的区域
plt.fill_between(dates, highs, lows, facecolor="orange", alpha=0.1)
# 显示图表
plt.show()
```

图4.19　用Python编程软件编写的分析数据的关键代码

Python程序运行结果如图4.20所示。

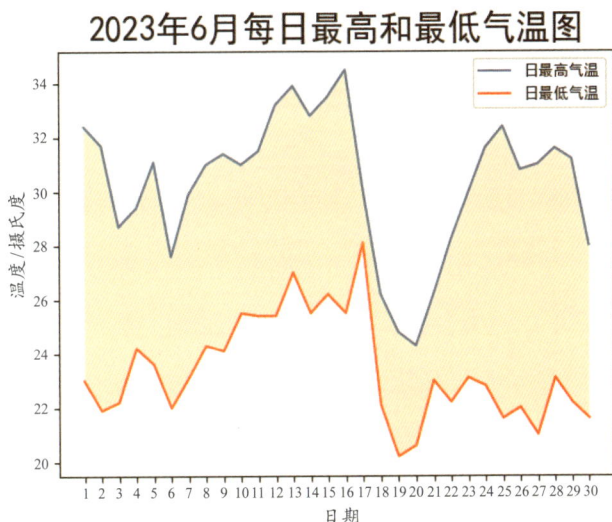

图4.20　Python程序运行结果

单元总结

我做了什么

本单元我们通过学习、合作、探究，设计和制作了一个校园智能物联网气象站以采集校园气象数据，对采集的数据进行了分析、处理并根据分析结果得出结论。

我学会了什么

在本单元，我们学习了数字传感器、数据安全防护的相关知识，学会了设计和制作一个校园智能物联网气象站，在物联网平台上发布数据和查看数据，对数据进行分析、处理等。

我的收获是什么

通过学习和探究，我们不仅学习了数字传感器、数据安全防护的相关知识，完成了设计和制作校园智能物联网气象站的任务，还形成了属于自己的成果。更重要的是学会了分析问题、解决问题的方法，希望同学们在今后的学习生活中遇到问题时会灵活使用这些方法和知识来解决问题。